城乡关系视角下的农村土地制度变迁绩效

王大伟　著

商　务　印　书　馆

2012年·北京

图书在版编目(CIP)数据

城乡关系视角下的农村土地制度变迁绩效/王大伟著. —北京:商务印书馆,2012

ISBN 978-7-100-09367-5

Ⅰ.①城… Ⅱ.①王… Ⅲ.①农村—土地制度—研究—中国 Ⅳ.①F321.1

中国版本图书馆 CIP 数据核字(2012)第 200915 号

城乡关系视角下的农村土地制度变迁绩效

王大伟 著

商 务 印 书 馆 出 版

(北京王府井大街 36 号 邮政编码 100710)

商 务 印 书 馆 发 行

北 京 市 艺 辉 印 刷 厂 印 刷

ISBN 978-7-100-09367-5

2012年10月第1版　　开本 880×1230 1/32

2012年10月北京第1次印刷　　印张 8 3/4

定价：36.00元

序

发展中国家经济社会发展进程具有“二元结构”特征，我国也不例外，其典型的表现是：制度约束下的城乡分割以及由此产生的城乡差距，从而严重制约着经济社会发展总体水平的提高。破除城乡“二元结构”、正确处理农村和城市之间的关系，是我国全面建设小康社会和推进现代化进程中不可回避的重大问题。2002 年，中国共产党的“十六大”报告指出：“统筹城乡经济社会发展，建设现代农业，发展农村经济，增加农民收入，是全面建设小康社会的重大任务”，首次在文件中正式提出要统筹城乡发展，这也吹响了加快破除城乡“二元结构”的号角。2003 年的十六届三中全会、2007 年的“十七大”报告、2008 年的十七届三中全会……，都对“统筹城乡发展”提出了明确要求。在这一系列政策文件的要求和指导下，免除农业税、粮食直补、户籍改革、新农合、新农保等支农、强农、惠农措施相继实施。在这些支持措施和改革政策中，农村土地制度的改革尤为重要。粮食安全、18 亿亩耕地红线、小产权房、征地拆迁、高企的房价等众多热门词汇背后都指向了土地制度。土地制度及相关问题也成为政府高度重视、学界激烈讨论、民间热情关注的话题。

回顾新中国成立以来的历史，土地相关制度的变革始终贯穿发展进程，从新中国成立伊始的土地改革到集体化运动，土地的所有和经营制度安排确保了以农村剩余支援城市发展，使国家工业化有了可靠的保障；1978 年开启的改革之路，恰恰也是以建立家庭联产承包责任制为重要标志的农村土地经营制度的变革；1986 年第一部《土地管理法》颁布、1999 年新的《土地管理法》实施，到 2004 年国务院出台《关于深化改革严格土地管理的决定》(国发【2004】28 号)，土地管理不断完善，在这一过程中一个显著的特征是土地市场化进程的加快；但由于政府对土地一级市场的垄断和对农村土地的征收制度，使得土地制度在运行中存在事实上的“双轨制”，即对农村土地的低价征收和土地转用后的高价出让，这也被认为是以“土地剪刀差”实现农村支援城市的新方式。农村土地制度作为基本的经济社会制度，在城乡“二元结构”形成中起到了极其关键的作用。当然，各地以土地制度创新为载体、突破城乡“二元结构”的探索一直没有停止：从集体建设用地使用中的“南海模式”到“昆山模式”、从城乡建设用地结构调整中的“三个集中”到“土地综合整治”，无不是以土地利用为平台、以缩小城乡差距为重要目标的探索。2007 年，成都和重庆获批“全国统筹城乡综合配套改革试验区”，两地在推进城乡统筹发展的进程中，农村土地制度都成为一个重要的突破口，例如，成都实施的“农村基层民主政治建设、农村产权制度改革、农村土地综合整治、村级公共服务及社会管理改革”四大基础工程和户籍制度改革，重庆的“地票”等，农村土地问题都是这些改革措施的重中之重。总之，在破除城乡“二元结构”的进程中，土地制度改革具有最为重要的作用，是城乡“二元结构”转换的关键所在。

土地作为农民和农村最重要的资产，与之相关的问题一直是“三农”问题的核心，也是统筹城乡发展的重大战略，而土地问题的核心在于与利益分配紧密相连的土地制度。当前，我国处于加快推进现代化的重要阶段，从这个意义上说，我们仍在“赶超”，只是不同于计划经济时期，以扭曲要素价格和城乡关系为基础的“赶超战略”，新阶段的“赶超”是在更加完善的社会主义市场经济体制下以制度创新为动力的“赶超”。在我国进入城乡关系重大调整的新阶段，作为核心制度之一的土地制度调整，自然被寄予很高的期望和要求。土地制度对城乡关系到底有何影响，如何量化评价土地制度对城乡关系的影响程度？搞清楚这些问题，对合理选择土地制度变迁方向、支持和加快城乡统筹发展，具有重要的理论价值和实践意义。这正是王大伟同志的这部著作中力求回答的问题。

本书是作者多年研究我国土地制度和跟踪土地制度变迁实践的成果总结。首先，作者对新中国成立以来的城乡关系和农村土地制度变迁历程进行回顾，并在量化评价的基础上，划分了城乡关系的不同阶段；其次，作者基于产权经济学，分析了农村土地功能演进与土地权利特征，并通过对农地收益分配份额的定量描述解析了土地制度的权利结构；再次，借鉴制度经济学分析方法，通过对土地权利结构特征的量化，将土地制度要素引入数量模型，定量分析了农村土地制度要素对城乡关系(差距)的影响；最后，作者总结了近期在促进城乡协调发展过程中，各地有关农村土地制度创新的模式和经验，并进一步提出了未来促进城乡关系走向融合下的农村土地制度变迁的方向。通过对以上内容的分析，作者对如下的关键问题给出了解答：第一，随着经济社会的发展，农村土地的功能发生了重大变化，并且，这些功能变化引起了潜在的土地权利的变化，这也是推动土地制度变迁的内在动力。第二，通过农村土地制度控制与调整实现的“价格剪刀差”和“土地剪刀差”对城乡关系有较大的负面影响，其影响的程度可以进行量化，这也是本书作者的重要创新。第三，土地制度调整应该基于城乡协调发展的目标，各地在实践探索中取得了一定成绩，但也存在一些问题。其中，作者重点跟踪了近年来受到普遍关注的“城乡建设用地增减挂钩”政策，该政策目前仍处于试点阶段，对于其中的是非得失，作者给出了较为客观中肯的评价。最后，作为研究的现实政策应用，作者综合考虑“权宜之计”与“经常之策”，既给出了针对诸如“土地增减挂钩”等“谋一时”之计的对策，也提出了土地制度变迁方向等“谋长远”之计的建议。

当然，作为一本学术研究著作，其中的一些观点还有待进一步深化研究，比如，能不能从更细分的区域层面上分析因不同环境而产生的制度影响等。但无论如何，作者都提出了一个较为新颖的研究视角，相信该书对关注我国城乡关系和土地制度问题的人们能够有所裨益。在此，我也希望作者能够不断努力，持续跟踪土地制度变革实践、关注我国城乡统筹发展的重大问题，并继续为城乡发展和土地制度问题研究贡献力量。

中国人民大学教授、博士生导师

谢经荣

2012年6月

目　录

图索引

表索引

题记：

“城乡关系的面貌一经改变，整个社会的面貌也跟着改变。”

——卡尔·马克思

“中国最大的问题是农民问题，农民最大的问题是土地问题。”

——杜润生

第一章　绪论

第一节　城乡关系与土地制度变迁总体情况

发展中国家的经济结构具有典型的“二元”特征（刘易斯，1989）。中国作为一个发展中的大国，到 2007 年，农民占全国人口的比重仍然超过 55%；中国长期处于“二元”经济结构状态下，城乡关系成为最根本的经济社会关系（赵勇，2004）。自新中国成立以来，差距与对立是城乡关系的基本特点。这种城乡关系的形成有其深刻的制度和历史根源，计划经济时期，我国实施重化工业优先的赶超战略（林毅夫等，1999），这一时期，与城乡二元结构相关的一套管理体系是一个制度上的“三驾马车”：农产品的统购统销制度、人民公社制度和户籍制度（蔡昉、杨涛，2000）。这个制度“三驾马车”中，前“两驾”直接与农村土地制度的控制与调整相关。我国的改革始自农村土地制度的改革，并取得巨大成效。进入 20 世纪 80 年代中期，改革进入城市为主的阶段，农村对城市的支持方式则由“农产品价格剪刀差”改为“土地剪刀差”。土地制度在我国城乡关系的变化中始终起着极为重要的作用。

土地作为经济社会发展的重要基础，是最重要的农业生产资源，也是“一切生产和一切存在的源泉”，正因为土地的特殊重要性，决定了土地制度不仅是农业中最重要的制度，而且也是国家社会经济发展中最重要的制度安排，土地制度是整个经济制度的基础和核心（陈锡文，1993；张红宇，2001，2002）。因此，围绕农村土地制度的变革将成为改善城乡关系、实现城乡统筹发展目标的重要政策和制度“抓手”。

一、城乡差距长期存在，“统筹城乡”已成共识

城乡“二元”结构是发展中国家的普遍问题，如果以城乡居民收入比作为度量指标，多数经济学家认为，该比值在 1.5～2 之间较为合理。纵观新中国成立以来的城乡居民收入比，在新中国成立之初到人民公社初期的阶段，该比值在 3 左右；人民公社到改革开放初期，这一比值基本在 2.5 左右；我国的改革发端于农村，农村改革的阶段性终结可以以 20 世纪 80 年代“五个一号文件”的最后一个，即 1986 年为终点，1978～1986 年，城乡居民收入比由 2.37 下降到 1984 年的 1.7 左右的水平，进而又增大到 1986 年的 2.0 左右；随后，城乡居民收入差距又在波动中上升，到 2007 年，该比值已经达到 1978 年以来的历史最高水平 3.33（图 1—1）。可见，除改革开放初期的一段时期，我国城乡差距始终处于由国际经验所得到的“不合理”的水平。而改革初期城乡关系的优化则完全得益于以农村为主体的改革，在这一时期，农村实施家庭联产承包责任制，极大地调动了农民的生产积极性（林毅夫，2008），使农村经济得到了一次飞跃性发展，被人们誉为农村的“黄金时代”（陆学艺，2002）。

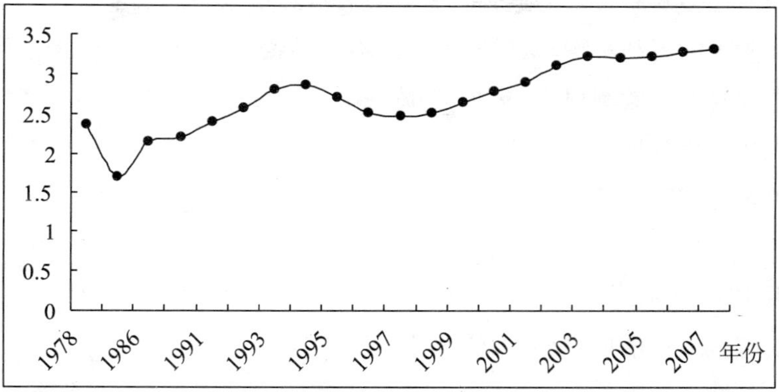

图 1—1　改革开放以来城乡居民收入比变动

长期的城乡差距成为影响我国现代化进程的重大难题，城乡差距已成为我国最大的不平等之一。对于城乡差别对我国总体收入差别的贡献，研究者基于不同的方法得出不同的结论：林毅夫等(1999)认为，1998 年全国收入差别的 40%左右来自于城乡之间的差别；万广华(2006)认为城乡差距大致解释了我国总体差距的70%～80%；也有研究者认为纯城乡间收入差距对总收入差距的贡献率各年均在 50%以上，甚至有较多年份超过 60%，1978～2003年平均贡献率达到 63.66%(王洪亮、徐翔，2006)；程永宏(2007)则认为 20 世纪 90 年代以来，城乡差距对全国总体不平等的贡献在20%～30%。

虽然不同研究者采用不同方法测算的城乡差距对全国总体收入差距的贡献有较大差别，但毫无疑问，我国城乡差距巨大是一个公认的事实。与此同时，研究者也意识到巨大的城乡差距对我国经济社会发展带来的危害。有研究者从经济效率的角度分析了城乡差距的不利影响，认为城乡差距不仅导致不稳定，而且带来生产要素配置的效率损失（蔡昉、杨涛，2000）。而对城乡差距与经济增长的定量分析则表明城乡收入差距与实际经济增长呈长期非线性关系，1978～1991年，城乡收入差距对实际增长的长期效应为正；1992～1999年，收入差距对实际增长的效应由正向负平滑转换，而1999年后，城乡收入差距对实际经济增长产生阻滞作用，且负效应呈逐年增加趋势（王少平、欧阳志刚，2008）。

城乡差距的负面效应引起广泛的关注，促进城乡协调发展、缩小城乡差距也日益成为广泛的共识。梳理近年来有关促进城乡协调发展的文件，可以看出政府统筹城乡、缩小差距的决心。2002年，"十六大"报告明确提出："全面繁荣农村经济，加快城镇化进程。统筹城乡经济社会发展，建设现代农业，发展农村经济，增加农民收入，是全面建设小康社会的重大任务。"首次把统筹城乡关系作为一项重要任务，并要求与小康社会建设、国家工业化、现代化结合。2003年的十六届三中全会再次强调："按照统筹城乡发展、统筹区域发展、统筹经济社会发展、统筹人与自然和谐发展、统筹国内发展和对外开放的要求，更大程度地发挥市场在资源配置中的基础性作用，为全面建设小康社会提供强有力的体制保障。"2004～2009年，连续六个中央一号文件都把统筹城乡发展放在重要战略位置。值得注意的是，2007年"十七大"报告也提出："统筹城乡发展，推进社会主义新农村建设。"到2008年，十七届三中全会更是对统筹城乡提出更高的要求，并赋予城乡统筹更重大的意义："……必须把握农村改革这个重点，在统筹城乡改革上取得重大突破，给农村发展注入新的动力，为整个经济社会发展增添新的活力。"并且，十七届三中全会通过了新形势下推进农村改革发展的行动纲领，并做出如下判断："我国总体上已进入以工促农、以城带乡的发展阶段，……进入着力破除城乡二元结构、形成城乡经济社会发展一体化新格局的重要时期。"可见，统筹城乡发展的重要性已经得到广泛的认同，并不断转化为实际行动。

二、土地制度最为基础，变迁之中"偏向"城市

中国最大的问题是农民问题，农民最大的问题是土地问题（杜润生，2008）。前一个"大"，概言中国农民规模之大数据，城乡差距之大；后一个"大"，则指来自土地的农业收入仍是农民收入的重要来源，土地权益纠纷之多。与利益相关方的利益关系紧密相连的土地产权制度的改革和完善则正是土地问题的核心（张晓山，2006，2008）。从这个意义上说，"土地制度是第一位重要的"。正因为土地制度的特殊重要性，我国不同阶段发展战略的实施都离不开土地制度、特别是农村土地制度的支持。如前所述，计划经济时期的制度"三驾马车"有两个直接与农村土地制度有关。在这一时期，农村土地制度的屡次变迁都与国家发展战略密不可分。在重工业优先战略下，国家需要提取农业剩余支持工业发展，而面对分散农户，征租困难，成本很高，与国家工业化目标存在一定矛盾。此时，一个可行的方法就是建立对农村经济的较为直接的控制，快速而低成本的转移农业剩余，因为土地在农业生产中的重要性，也因为新中国成立初期土地制度形成中，国家意志已经深刻根植于

土地制度(周其仁,1995a,1995b)。这一时期,人民公社下的以土地制度变化为主的制度体系构成了国家工业化的保障基础。毫无疑问,这个时期的农村土地制度变迁通过支持国家工业化而支持了城市。

始于20世纪70年代末的中国的改革产生了巨大而又深远的影响,而中国农村改革无疑是中国改革开放宏大图景的起点,这一起点则又发端于农村土地制度的变革(王西玉,1998;钱忠好,1999)。几乎所有事实和文献资料都表明:初期的农村土地制度改革成为社会产出增长的主要源泉,社会成员都通过制度变迁获得了额外收益,改革初期的土地制度变迁属于典型的"帕累托改进",这种土地制度改革也受到利益各方的高度认可(林毅夫,2008;刘守英,2000)。这一阶段也正成为农村发展的"黄金时期",以收入差距为重要表征的城乡关系得到改善。这一时期所确立的家庭联产承包责任制仍然是我国农村土地制度的主体框架,而这种土地制度的产权主体模糊,导致利益纠纷严重的问题也是极为明显的(龚启圣、刘守英,1998),即使是在这种土地制度下形成的家庭土地承包经营权,差不多也是经过了20年时间,直到2002年《土地承包法》实施后,才得到第一个比较完备的法律表达(周其仁,2004;吕萍,2009)。

20世纪80年代中期以来,我国改革的重点转向城市领域,经济社会不断发展,与此相伴的是农村土地的功能以及价值也在发生深刻变化,农用地的非农业生产价值迅速扩大。但由于我国实行农地统征制度,集体建设用地的市场开放范围受到严格限制,法定的农用地征收补偿标准只考虑农业租金价值而不包含土地的预期增值和选择性价值，导致对农用地的补偿普遍存在不平等待遇问题（王小映，2007）。一些有关征地制度改革的框架也主要集中在农地的农业生产价值方面，农民完全无法享有土地的发展权，农民对农村土地增值收益的诉求在很大程度上忽视或被剥夺。因此，有学者指出中国现代化进程是土地增值和资本化的进程，而改革以来的城市发展很大程度上是通过"土地价格剪刀差"剥夺农民的过程。

三、制度改革渐次展开，变通不离"路径依赖"

家庭联产承包责任制具有广泛的适应性，既适合不同生产力发展阶段，同时也适合农业生产的特性（陈锡文，1993；杜鹰，1999）。然而，随着外部经济条件的变化，各类生产要素的相对价格改变，从而导致土地制度变迁收益与成本对比发生改变，产生制度变迁的潜在需求、经济发展等因素都可能成为引致农村土地制度变迁的外生条件（王小映，2000）。事实上，在家庭联产承包责任制的框架下，我国农村土地制度也一直在进行边际调整，家庭联产承包责任制在各地的实现形式有极大的差别（廖洪乐，1998）。20世纪90年代末以来，随着"三农问题"的日益严重和城乡差距的不断扩大，家庭联产承包责任制下的农村土地制度创新一再被推到了农村经济体制改革的前沿，并引发了广泛的讨论。但毫无疑问，家庭联产承包责任制以其广泛的适应性，仍将是我国农村的基本经济制度，对农村土地制度的创新必然是在现有框架下的进一步改进和完善。城乡二元结构的长期性和家庭联产承包责任制的稳定性将构成农村土地制度变迁的重要“路径约束”。

在农村土地的农业用途方面，农村土地制度变迁主要沿着两条主线展开：通过稳定和强化农户土地承包经营权，使农民形成较为稳定的收益预期，激发农户投资土地的热情；此外，在稳定农户承包经营权的基础上，鼓励和激活农地承包经营权的市场流转（姚洋，1999；叶剑平等，2003；钱忠好，2003）。更重要的变革则来自于农地转用中土地收益分配的改革，即农民土地产权享有程度的进一步保障方面，突出的是在农地征收中不断提高了征地补偿，并综合考虑农民就业、社会保障的问题。虽然按照农业租金价值确定农地转用补偿标准的传统思路没有根本改变，但补偿标准的提高以及多维度解决问题的方式已经在进一步保障农民的土地权益。尤其值得注意的是，作为新时期引导农村改革的纲领性文件，十七届三中全会《决定》把农村土地制度改革放在重要位置：“……改革征地制度……按照同地同价原则及时足额给农村集体组织和农民合理补偿……逐步建立城乡统一的建设用地市场……”。这也意味着“统筹城乡”进一步由共识转向行动；而土地制度改革必将在其中发挥重要的作用。

四、城乡关系与土地制度变迁关系研究意义重大

中国短期内大容量的制度改革、创新及其可观察的效应为制度研究提供了丰富的素材，土地制度作为基本的经济社会制度，对经济绩效具有深刻影响。因此，通过研究，以中国特有的制度变革为素材，可以丰富和验证制度经济学理论，对制度因素在经济社会

发展中的作用进行量化；而对长期的“二元”结构与土地制度变迁进行综合考察，可以搭建起城乡关系研究与农村土地制度研究之间的桥梁，把动态变化的城乡关系纳入农村土地制度变迁绩效评价中。

在统筹城乡的现实政策需求下，要使土地制度改革发挥应有的作用，全方位回顾和评价土地制度变迁与城乡关系之间的相互影响是必不可少的，这既是土地制度改革本身的“路径依赖”特性的要求，也是综合权衡改革方案、降低制度改革风险的要求。因此，总结农村土地制度变迁的实践经验和影响因素，可以为继续深化中国农村土地制度改革，探寻城乡一体化发展路径提供理论依据，也可以为类似转型期发展中国家提供经验借鉴。

第二节　研究总体框架与主要内容

基于城乡关系与土地制度变迁研究的重要性及其意义，本书循着理论总结、历史回顾、现状分析、关联分析、区域分析与总体分析的思路，综合采用文献分析、深度访谈、统计分析等方法，对这一主题开展了研究。

一、研究方法和总体框架

（一）研究方法

以产权经济学和制度经济学理论为基础，并综合社会学、政治学、法学、地理学等研究城乡关系和土地制度的相关学科理论。

城乡关系的复杂性和制度变迁影响因素的综合性要求研究做到理论剖析与实地调查、定性分析与定量分析、局部分析与整体研究、实证分析与规范分析相结合，并主要采用深度访谈、统计分析以及专家征询等方法。

1. 文献分析法

通过大量的文献总结与分析，梳理有关城乡关系与农村土地制度变迁问题的研究进展，把握研究的最新动态。特别是针对土地制度变迁中的权利结构、收益分配等重点问题，分析其演变脉络，理清理论和实证研究的最新进展。

2. 深度访谈法

对切身体会"城乡关系变化"以及"土地制度变迁"的农村居民和流动人口进行深度访谈，把握土地制度因素在城乡关系变化中的作用与障碍，了解农村居民对土地制度变迁的现实需求。

3. 统计分析法

对通过调查得到的数据和通过整理相关文献资料获得数据，借助统计分析软件，进行定量分析，构建相关检验模型。

4. 案例分析法

通过分析当前土地制度改革探索中的案例，总结土地制度改革探索对城乡统筹的作用方式以及效果。

（二）研究总体框架

研究的具体技术路线和方法如图 1—2 所示。

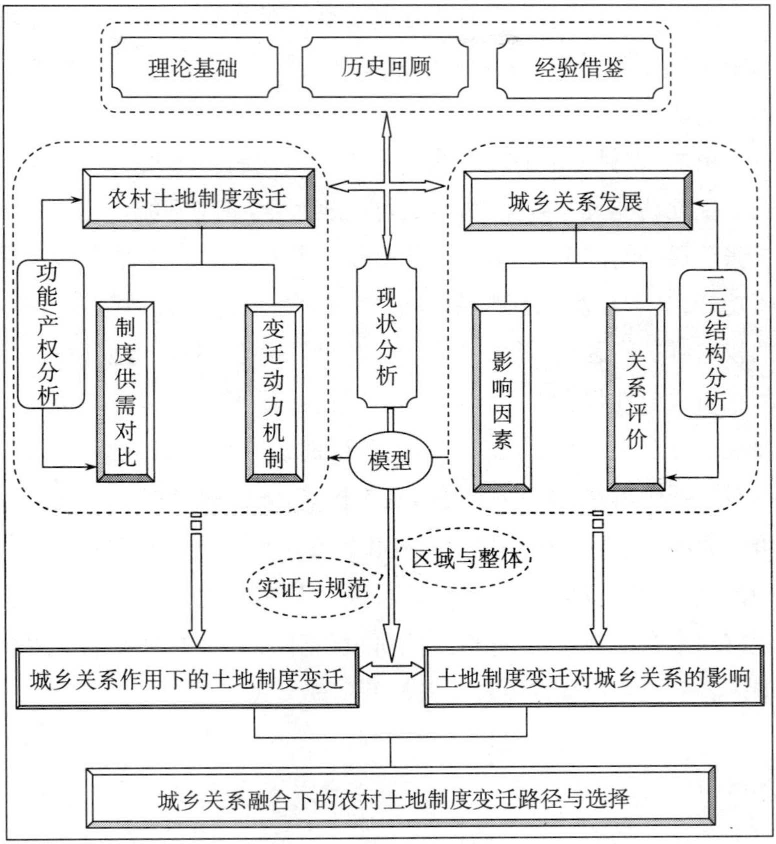

图 1—2　研究框架

二、研究的主要内容

全书共有九章，研究的主要内容包括以下方面。

第一，城乡关系和农村土地制度变迁的历史回顾。全面梳理新中国成立特别是改革开放以来城乡关系的变化和农村土地制度的变迁历程。

第二，农村土地的功能演变分析与土地制度权利组合特征解构。土地功能具有多样性，对农村土地而言，在中国城市化仍处于扩张阶段的情况下，土地的功能重在两个方面：其一是农业生产保障功能；其二是发展用地保障功能（对农村农民而言，则是征地中的权益维护问题）。随着经济社会发展阶段的不同，土地各种功能的相对重要性将发生变化，需要对不同阶段下土地功能的相对重要性进行辨识和判断。农村土地制度的核心是产权制度，产权包括对资产的占有、使用、收益和处置权能，导致对产权重新界定的重要原因在于要素价格的相对变化。在土地功能相对重要性变化的情况下，农民对土地权利的诉求将发生改变，进而导致不同的土地权利组合。为此，需分析不同阶段（不同地区）农村土地产权制度的各种权能组成以及各项权能的实现形式。

第三，城乡关系的量化评价与阶段划分。城乡关系涉及农村和城市的经济、社会、资源、生态等综合系统，而经济社会关系往往成为考量城乡关系的主要标尺。采用相关数量研究方法，对城乡关系（重点是经济社会关系）进行量化评价，并根据评价结果划分城乡关系的发展阶段。

第四，不同阶段农村土地制度对城乡关系发展的影响评价。分析不同阶段中基于农村土地功能特征和权利组合的农村土地制度在城市和乡村发展中的作用，并把其作用效果作为土地制度变迁绩效分析的重要依据，综合评价土地制度变迁在不同阶段对改善/恶化城乡关系的效能。农村土地制度变迁与城乡关系相互作用,特别地,城乡关系通过土地制度的作用影响农村土地利用的方式,选定具有代表性的城乡综合作用系统(既有一定规模的城市,也有广大的农村)对这种影响的程度展开分析。

第五,城乡关系融合中的土地制度变迁方向。总结农村土地制度的创新模式经验及其适用性,分析当前有关城乡协调的土地制度政策新探索,总结其经验和问题,并提出未来促进城乡关系走向融合下的农村土地制度变迁的路径和选择。

第二章　城乡关系与农村土地制度研究评述

城乡关系和农村土地制度都是涉及因素众多的大系统，二者之间也存在紧密的相互关系，以下分别从城乡关系、农村土地制度以及二者之间的相互作用方面总结国内外主要研究文献。

第一节　城乡关系影响因素与测度方法

一、城乡关系的界定

城乡关系在英文中常用"Rural-Urban Interactions"表示，意指城乡之间相互作用，相互影响。城乡关系指城乡之间自然资源、生态、经济、社会、文化等多种因素之间的互相交流。城乡关系可以从不同的方面来表达（张雨林，1985；周叔莲、郭克莎，1996；Tacoli C.，1998）。如从地域看，城乡关系是城乡社会经济联系而形成的一种地域关系；从产业上，指的是城乡产业发展、产业结构、产业组织关系；从资源配置的形式看，包括城乡之间劳动力、资本、技术、信息的流动以及城乡资源配置模式的变动；从城乡规模的变动看，包括城乡的人口流动、乡村城镇化和城市化；从发展体制看，指城乡经济体制、政治体制、管理体制的差别和变革关系。但无论从哪个方面看城乡关系，城市和乡村都是相互依存、相互影响的。首先，农业生产力的提高是城市产生和发展的前提，农业生产力的提高一方面为城市发展提供足够的农产品供给；另一方面，生产效率的提高产生了剩余人口，为城市发展创造了条件。其次，城市发挥其集聚效益，为农村提供物质产品和服务。虽然城乡之间存在这种互为支撑、相互作用的关系，但这并不意味着城乡关系一定是和谐的。相反，从历史的维度看，城乡关系长期处于对立之中，正如我们把“空想社会主义”命名为“空想”，因为“空想社会主义者”意象中的“理想社会”是没有工农差别、没有城乡差别的。因此，城乡差别早就存在并且将是长期的历史过程。

城乡关系的理想状态是城乡融合，城乡在经济、社会、文化等众多要素之间无差距。但对“二元”结构社会而言，城乡关系的核心正是“差距”，特别是以经济差距为主导的城乡生活水平的差异，并主要体现在收入差距方面。因此，在众多的“差距”因素中，城乡收入差距一直是相关研究的主要研究对象。以下对城乡关系研究和测度的综述均从城乡差距（尤指城乡收入差距）的角度展开。

二、城乡关系（差距）的影响因素

影响城乡差距的因素很多，蔡继明（1998）认为，城乡收入差距由经济因素和非经济因素产生，其中，比较生产力是重要的经济决定因素，1987 年，比较生产力解释的城乡差距为 70.9%，到 1995 年，比较生产力决定部分为 75.2%。其他非经济性的因素包括近代中国社会形成的城乡差别的影响；传统的户籍制度对城乡之间劳动力流动的限制；改革重心由农村向城市的转移以及有利于城市居民的政策实施等。在“二元”结构社会中，城乡差距有其必然性，我国城乡差距呈现阶段性变化，这种阶段性变化是改革开放阶段性推进和经济政策阶段性调整的必然产物。在改革初期，价格是最直接的影响因素，例如，1979～1981 年三年间，价格因素在农民收入增长总额中的比重分别达到 4.1％、18.1％、18.8％（谢伏瞻，1994）。蔡昉（2003）认为，有两类因素导致了我国的城乡收入差距：第一类是对生产要素市场的各种干预，这导致劳动力和资本分别扭曲地集中于农村和城市；第二类因素是政府实施的有利于城市的直接转移项目，如价格补贴。陆铭和陈钊（2004）也认为中国持续扩大的城乡收入差距与地方政府实施的带有城市倾向的经济政策有关，此外他们的研究还进一步证实，外来人口比重、经济的开放、就业的所有制结构调整、政府参与经济活动的程度以及财政支出结构的调整的确是扩大城乡收入差距的重要因素。李实（2001）则认为我国居民收入差距的持续扩大主要是制度转型所造成的，城乡二元结构的变动并没有推动居民收入差距倒“U”变动的效果。

从以上对研究者对城乡差距的分析看，与制度相关的要素在城乡差距中发挥了“重大作用”。农村土地管理制度作为我国城乡分割的一项重要管理制度，在城乡关系变化中起到了重要作用，但对其在城乡差距中的作用，还较少有研究者进行实证分析。

三、城乡关系（差距）测度的方法

中国城乡居民收入之间存在着相当大的差别，这种差别也日益受到关注(蔡继明,1998)。如在研究背景中所述的,对于城乡差别对我国总体不平等的贡献,研究者基于不同的方法得出不同的结论,由这些不同的研究结论,也可以看出不同测度方法会有极大不同。因此,弄清不同研究方法的异同及其适用性,对正确判断城乡差距的现状具有重要意义,为此,有必要对城乡差距评价的方法进行综合评述。

在众多的不平等度量指标中,大致可以分为两类:绝对指标和相对指标,绝对指标大小与度量单位有关(如以人民币的"元"为单位和以"分"为单位的结果相差100倍),因此,不便于相互间的比较,在实际应用中,绝对指标很少用;相对指标则不随度量单位的变化而变化,是最为常用的指标(万广华,2008)。另外,有研究者把测度收入不平等的指标大致分为三大类:份额比例测度法、普通离散系数测度方法和收入集中度测度方法(刘扬、纪宏,2007)。份额比例测度法又称为库兹涅兹比率,可以分为绝对份额比例和分位点比率测度指数。普通离散系数测度法包括一系列描述收入序列数学特征的量,如极差值、比值、平均值、标准差等,如下文所述,这些指标中除比值外,都是绝对指标,因此在实际中较少直接用作不平等的测度指标,而比值则因其简洁明了的特点被广泛使用。收入集中度测度方法是通过实际收入分布与某一分布基准(通常是绝对平均分配标准)进行比较,利用某个指标值测度两者之间的差异,常用的收入集中度指数包括基尼系数、阿肯森指数和广义熵指数(泰尔指数是熵指数的特例);近来人们还发现,阿肯森指数和综合熵指数存在一一对应的单调转换关系(万广华,2006;Shorrocks and Slottje,2002)。上述这些不平等测度指标通常针对"一元”社会中的收入调查数据测算总体的收入不平等，即城乡混合的收入调查，而不是城乡分离的收入调查，在我国，统计部门所做的调查大多是城乡分离的收入调查。因此，直接利用这些指标所度量的通常是城镇内部或农村内部的收入不平等，而城乡收入差距的度量需要在这些指标的基础上进行相应的改进，而一些指标的可分解性也为度量城乡差距提供了条件。需要指出的是，一个良好的收入不平等指标应满足六个性质，即匿名性、齐次性、人口无关性、转移原则、强洛伦茨一致性和标准化性（收入完全平等时的指标值为 0）（万广华，2008）。

综合 20 世纪 90 年代以来研究我国城乡差距的主要文献，最常用的城乡差距测度指标主要有比值、份额比例测度、基尼系数和泰尔指数。

（一）比值法

比值法是把代表城乡居民收入水平的值直接相除，得到一个比值，通常以城市居民收入比农村居民收入。该方法计算简便，结果简单明了，是最为常用的测度城乡差距的指标。用这一方法测度城乡差距不仅在学术文献中比比皆是，而且相关结果经常出现在政府相关报告或见诸报端，可见其应用的普遍性。

这一方法也最早出现在我国早期研究城乡差距的文献中。需要说明的是，在早期城乡收入差距的文献中，多数用“城镇居民人均生活费收入”与“农村居民人均纯收入”进行对比，结果低估了实际收入差距（谢伏瞻，1994；国家统计局农调总队课题组，1994；蔡继明，1998）。较早对城乡居民收入进行可比口径处理的是国家统计局农调总队课题组(1994)的研究，该研究认为应用城乡居民的可支配收入进行，其中统计部门公布的农村居民纯收入与可支配收入的概念一致，而城镇居民人均生活费收入远不能覆盖可支配收入的内涵，并估算了城镇居民可支配收入(估算了住房补贴、医疗补贴、价格暗补、实物收入，纳入支配收入范围)，例如，估算后1989年的城乡收入差距为2.73∶1，高于城镇居民生活费与农村居民纯收入2.31∶1(谢伏瞻，1994)。

之后对城乡差距的对比研究基本上统一到对比城乡居民可支配收入的口径上。此外，也有研究者把城乡消费比作为度量城乡差距的依据，认为消费更能够代表城乡居民真正享有的福利水平(Lu，2002)，对于城乡居民的消费比能否代表城乡差距，也有学者提出不同的看法，认为消费支出固然能够反映城乡居民的相对福利水平，但由于消费忽略了储蓄的因素，因此不能完全反映实际购买力。人均可支配收入是揭示城乡差距更好的指标，并同时使用消费比和可支配收入比作为度量城乡差距的指标(蔡昉、杨涛，2000)。

虽然较早期的城乡差距的研究多数都只采用了比值法这一简单的指标，但经过这一时期，廓清了用什么指标代表城乡居民收入的问题，即研究者普遍接受了“可支配收入”这一度量指标。此外，较早时期的城乡差距研究就已经考虑到了城乡价格水平差异，如果不考虑价格水平，则可能会高估城乡差距不平等程度，通常的调整方法是用城乡价格指数对收入水平进行消涨，即用真实收入，而不是名义收入作为比较对象(国家统计局农调总队课题组，1994；蔡昉、杨涛，2000；万广华，1998；赵人伟、李实，1999)。也有学者认为,采用消费价格指数通常没有考虑到产品质量改变的准确度量问题,在中国,城镇居民消费价格指数增长很快,但其享用的产品质量改善要远好于农村,因此,直接用消费价格指数的消长可能低估城乡差距(D. Gale Johnson,2002)。李实和罗楚亮(2007)采用勃兰特等(2004)估算的不同城乡地区的生活费用指数对基于抽样调查数据得到城乡居民可支配收入进行了调整。根据李实和罗楚亮文中提供的数据,估算得出勃兰特等(Brandt,2004,该文未发表,相关结果根据李实和罗楚亮的文中的数据估算)给出的2002年的城乡价格指数比是国家统计局公布的城乡价格指数比的1.4倍左右。

比值法并不满足上述优良不平等度量指标的特点,并且,比值也无法提供更多有关人口份额、收入份额等的详细信息,显然,90%的城镇人口和10%的农村人口与各占50%的人口结构中,即使城乡收入比值相同,其所代表的收入不平等程度却是显著不同的。但这一方法对数据要求低,不需要分组或分层的调查数据,而且在我国现行统计口径下,这一方法最容易获取相关数据。并且,也正是在这一最简便的方法的基础上,有关城乡差距的研究不断走向深化。

(二) 份额比例测度法

在当前的研究中比较常用的方法还有份额比例测度法。该方法也适用于分组数据的简单描述。份额比例测度法首先将收入数据从低到高进行排序或分组,然后根据具体情况利用不同分组数据的不同部分进行计算的方法。该方法又可以分为绝对份额比例和分位点比率测度指数。

绝对份额比例测度指数是指把人口按照收入从低向高排序，并将人口进行等分，常见的有五等分或十等分，然后以某个等分组人口所占有的收入份额 a 作为收入分配不公平程度测度指数。如果该份额小于(大于)人口份额(五等分时判断值为 1/5，十等分时判断值为 1/10)，则认为存在收入差距，两个值差别越大，则收入差距越大。分位点比率测度指数也是将收入从低到高排序后，以某高分位点所对应的个人收入绝对数除以某低分位点的个人收入绝对数所得出的一个比率测度指数。最常用的就是以第 90 个百分位点的人的收入除以第 10 个百分位点的人的收入得到的一个比值，该值越大，则收入差距越大。

可见，这类分组方法实际上是对基尼系数所表达的人口份额与收入份额的一种扩展。只是进一步对收入样本总体进行分组后，表示出的收入分配结构更加清晰。应用这一方法及其扩展方法的文献有赵人伟和李实(1997)、李实等(1998)，他们均使用十等分组，根据抽样调查获得的数据，研究认为 1988 年和 1995 年，乡村居民集中地分布在低收入组，城市居民集中地分布在高收入组。陈宗胜和周云波(2001)也使用了十等分组法，不过他们研究的是单一总体的十等分收入分配结构，而不是城乡分离的情况。罗楚亮(2006)甚至把等分组扩展到了 100 份，并且把城乡居民收入进行分离，计算了相同等级的城乡居民人均年收入的对数差，用该对数差判断城乡差距的情况，实际上是扩展了份额比例方法。

显然，份额测度比例方法所得的结果只能代表某两个分组收入差距的关系，而不是总体的不平等程度。但其优点在于计算方便,并且可通过样本分组数据甚至部分数据已经残缺的数据计算不均等程度(刘志伟,2003)。

(三) 基尼系数及其扩展方法

基尼系数是最为流行和常用的测度不平等的指标。其原因在于该指标较为古老,而且,最为重要的是,它满足优良不平等指标所具有的性质,此外,它本身有较为明确的经济学含义(万广华,2008)。当然,正如基尼系数的定义和多数应用基尼系数的文献所展现的,基尼系数通常用于对某单个群体内收入不平等的度量,而无法直接用于测度组间的不平等(谢伏瞻,1994;赵人伟、李实,1997;李实、赵人伟,1999;胡祖光,2004)。研究者一直都在致力于基尼系数的分解问题,较早形成的认识是基尼系数可用于分项收入(即收入组成要素)的分解,而无法用于组间的分解。凯克瓦尼(Kakwani,1977)较早推导得到基尼系数的分项分解公式,万广华(1998)在这一分项分解公式的基础上,最早进行了基尼系数变化的分解,把基尼系数的变化分解为结构效应和收入效应(具体分解公式见相关参考文献)。

显然,无法用于组间分解的基尼系数不能用于度量城乡差距。较早进行基尼系数组间分解的尝试是森德姆(Sundrum,1990),他提出可把基尼系数分解为组间表达形式,设两个样本组 A、B 的基尼系数,平均收入,人口比重分别为 G_1、G_2,μ_1、μ_2,P_1、P_2。则由这两个分组组成的总体的基尼系数可分解为:

$$G = P_1^2 \frac{\mu_1}{\mu} G_1 + P_2^2 \frac{\mu_2}{\mu} G_2 + P_1 P_2 \left| \frac{\mu_1 - \mu_2}{\mu} \right|$$

其中，一个强限制条件是分组收入分布不重叠。如果我国城镇居民和农村居民收入分布不重叠，也就是说，在城市最低收入组收入仍大于农村最低收入组收入的情况下，可以应用这个公式把全国的基尼系数分解为上式右边的三部分，其中，最后一部分可以认为代表城乡差距。但现实中，这一条件显然难以满足，李实（2002）根据其所在的研究课题组对1995年的抽样调查数据，认为该年份农村居民中有26%高于城镇居民中最低10%收入组的平均收入。因此，这个公式并无法直接用于计算我国的城乡差距。

众多学者进行了基尼系数组间分解的尝试，考埃尔（Cowell，2000）认为，基尼系数在不同组之间是无法完全分解的，如果一定要进行组间的分解，那么，分解后的基尼系数应包括三部分：组内差距、组间差距和交叉项。分解后的数学表达式可以表示为：

$$G = \sum_{i=1}^{n} W_i G_i + G_b + \varepsilon(f_i)$$

其中，G 是总基尼系数；G_i 是第 i 组的基尼系数；W_i 是 G_i 的权数，需要指出的是各组基尼系数的权数 W_i 需满足 $\sum_{i=1}^{n} W_i = 1$ 的限制条件；G_b 是以各组平均收入计算的反映组间差距的基尼系数；$\varepsilon(f_i)$是交叉项，是各组内部收入分布 f_i 的函数，$\varepsilon(f_i)$的大小取决于各组收入分布的重叠程度，当完全无重叠时，该项为0。因此，程永宏（2006，2007）经过推导认为基尼系数可以在两分组，甚至更多分组的情况下进行分解，其中，二分组情况（假定为A、B组）的分解公式为：

$$G = \theta G_1 + (1-\theta) G_2 + P_1 P_2 \frac{D}{\mu}$$

$$其中\ D=\int_0^T (F_1-F_2)^2\mathrm{d}t$$

θ 为组 A 人口收入份额占全部收入的比重；G_1、G_2，P_1、P_2，F_1、F_2 分别为组 A、B 的基尼系数、人口比重和收入分布函数；μ 为总体的平均收入；T 为总体的最高收入。在这个分解公式的基础上，认为 D 可以定义为城乡收入的绝对差距，而分解式的最后一项可以看作是城乡差距对全国总体不均等的贡献，作者进而用这个公式计算了我国改革开放以来的城乡差距，并把计算结果与常用的城乡居民收入比进行了对比，结果其变化方向高度一致，相对变化率的相关系数达到 0.97，证明了这个指标作为城乡收入差距度量的合理性。

总之，基于基尼系数的优良性和成熟性，研究者进行了基尼系数组间分解的大量尝试。较早应用基尼系数组间分解形式计算我国城乡差距的文献很多（董静、李子奈，2004；陈宗胜、周云波，2002），他们所使用的多数是在森德姆（Sundrum，1990）提出的公式的基础上的近似计算或修正。程永宏（2006，2007）的分解公式是应用城乡分离的调查数据，估算全国基尼系数，并且计算城乡差距的新尝试。但需要注意的是，该方法需要在估计城镇和农村居民的收入分布函数，在各组内收入分层数量不多的情况下，可能带来收入分布函数估计的误差。

（四）泰尔指数

在不平等的度量中，广义熵（Generalized Entropy）指数是最常用的指标。广义熵指数可以表示为：

$$GE = \frac{1}{a(1-a)}\sum_i f_i\left[1-\left(\frac{Y_i}{\mu}\right)^a\right]$$

其中，f_i、Y_i 分别代表第 i 组的人口比重和该组的平均收入，μ 为总体的平均收入，系数 a 代表厌恶不平等的程度(万广华，2006，2008)。可见广义熵指数是一个指数族，在这一指数族中，最常用的两个指数分别是 a 取 0 或 1 时的指数，分别称作泰尔第二指数(T_0)和泰尔第一指数(T_1)，泰尔第二指数也叫对数离差指数(MLD)。T_0 和 T_1 的计算公式分别为：

$$T_0 = \sum_i f_i \ln\frac{u}{Y_i};T_1 = \sum_i f_i\frac{Y_i}{\mu}\ln\frac{Y_i}{\mu}$$

泰尔指数可以很容易地进行组间分解，早期，研究者认为 T_0 是唯一可以用人口比重作为权数的相加可分解指标，而 T_1 是唯一可以用收入比重作为权数的相加可分解不平等指数，后来，有研究者认为，证明整个广义熵指数族皆是相加可分解的(万广华，2008)。但通常用于进行组间分解的还是泰尔第一指数，假定一个总体分为 m 个组，则由组内和组间差距组成的泰尔指数分解形式为：

$$T_0 = \sum_{k=1}^{m} v_k T_0(k) + \sum_{k=1}^{m} v_k \ln\frac{\mu}{y_k}$$

其中，$\sum_{k=1}^{m} v_k T_0(k)$ 为各组的泰尔指数，$\sum_{k=1}^{m} v_k \ln\frac{\mu}{y_k}$ 为组间差距，v_k 为 k 组人口占总人口比重，μ 为总体的平均收入，y_k 为 k 组的平均收入。

用泰尔第一指数可以测算城乡差距的程度，这也是用于测度城乡差距最常用的收入集中度指数，采用这一指数计算城乡差距的文献众多(王少平、欧阳志刚,2008)。采用泰尔指数,万广华(2006)认为我国城乡差距对总收入差距的贡献不低于50%,甚至达到70%～80%。

当然,也有研究者意识到,对泰尔指数进行城乡分解的方法并不完善,如组间差距贡献率依赖于分组数目,当分组数目较大时,组间差距影响较小;分组数目少时,组间差距大。因此,用泰尔指数进行我国的城乡差距计算时,由于只分为两个组(城市组和农村组),因此,导致高估城乡差距。此外,组间收入用每一组的平均收入代替,可能无法反映组内分布的真实情况(程永宏,2007)。

第二节　农村土地制度变迁的原因与效果

一、农村土地制度变迁的原因

从制度经济学和产权经济学的视角解释我国的农村土地制度变迁成为20世纪90年代以来的新趋势,这已成为这一阶段农村土地制度研究的一个重要特点,并取得了重要成就。

海亚米和基库彻(Hayami and Kikuchi,1981)等认为制度变迁首先可以用相对要素稀缺度的变化来解释,即认为相对稀缺程度较大的要素的权利将首先个人化,巴泽尔(1997)也持类似的观点。因此,当土地功能发生变化时,将导致利益相关者对土地权利的重新界定。至于制度变迁能否成为现实,则取决于制度变迁收益和成本的比较。引致土地制度变迁的主要收益来源可以概括为外部性内在化收益、降低交易费用带来的收益、规模经济收益和规避风险带来的收益等。前几类收益属效率范畴，后一类收益则是土地保障功能的具体体现，属公平范畴（王小映，1999）。研究者以制度经济学理论为依据，对我国不同时期的土地制度变迁进行了解释。

土地改革后，我国实行集体所有和集体经营除了政治上的考虑，还有经济、市场等方面的原因（谢经荣，1995；赵阳，2007）。之所以做出这种选择，主要是由我国资源禀赋结构决定的。新中国成立之初，资本稀缺和劳动力相对丰裕是我国的基本资源禀赋特征，基于此，优先发展劳动力密集型行业并采用劳动密集型的生产方式成为客观需求，这为农村实行集体化提供了基础条件；而重工业优先的"赶超型"战略也对实行集体化起到了推动作用（林毅夫等，1999；周其仁，1995a）。由集体经济向家庭联产承包责任制的制度变迁过程中，集体化体制的监督成本过高导致了制度的失败（Marshall，1985；Dong，1993，1996；林毅夫，2008），林毅夫进一步建立了基于工分制的土地制度变迁的理论模型，较早把制度（以农民劳动付出的程度作为替代变量）要素纳入数量模型中，并很好地解释了集体制失败的原因。沿着林毅夫（2008）研究的思路，徐刚（1997）和王红玲（1997）对林毅夫的模型进行了修正，徐刚（1997）认为，林毅夫的模型存在一定的缺陷，所得出的生产函数的指数和为 2（即，实行集体制的规模效益是家庭制下的两倍时，才可能导致集体制是有效率的制度安排）作为集体制和家庭制的无差异条件是错的，错误的原因在于他把劳动力及其用心程度的度量看做是均质的。在一个 Nash 均衡环境中，每个农户的劳动用心程度并不相等。徐刚进一步以"平均劳动效率"指标，并采用"监督效果”代替林毅夫模型中的“计量成本”，认为当集体制的规模效益大于 $1/\pi$ 时（π 为监督程度），实行集体制才是经济上合理的。进一步地，通过这个“新模型”，可以将 20 世纪 70 年代末以来的分权式改革与当前的规模经营趋势包容起来，并能对这一诱致性变迁的全过程保持一种逻辑一致的解释。王红玲（1997）进一步深化了这个模型，在已深化的模型的基础上，为农业体制的变迁提供了一个一般化的逻辑表达形式，这个模型将林毅夫和徐刚的模型作为特例包含进来。即使是在集体化程度极高的时期，按照相关法律法规，农村集体仍可以保留 5%左右的自留地。正是考虑到了自留地在农村经济中的作用，伍山林（1998）建立了一个简单的农户生产行为模型，将前面三位学者遗漏的因素——自留地经济和集体经济——都纳入农户行为分析中，通过对生产队体制、生产组体制和家庭农作制的绩效比较，最后得出体制变迁需要满足的前提条件。考虑到生存边界压力和政府对待农作制变迁的态度，他通过一个简单的分析框架，得出了农作制度变迁的充分必要条件，并继而说明了十一届三中全会前后农作制变迁具有截然不同的特征。这一研究同时从农户与政府的行为以及偏好的角度对中国农作制度变迁做了一个有益的政治经济学分析的尝试。伍山林（1998）在评述徐刚（1997）和王红玲（1997）给出的模型时，认为 20 世纪 90 年代以来农村出现的规模经营事实上已不能仅从农业生产内部寻求其根源，而是受到外部因素的显著影响。

也有学者把土地制度的变迁看做是国家和农户之间博弈的结果，责任制实施前，土地的实际控制权实际上属于国家，改革后，国家之所以向农民让渡部分权利，是因为从集体生产向家庭经营的转变是帕累托改进,增加了各方利益;之后,农民与国家利益的冲突再次显现,突出表现在农民对地权进一步个人化的要求和国家对此的控制上(Liu Shouying et al. 1998;周其仁,1995a,1995b)。陈剑波(1994)认为,在中国大陆土地制度变迁中,产权是决定性的因素,他从产权、委托代理、监督成本等三个层次,对改革前后两种截然不同的体制——人民公社体制和家庭联产承包责任制——的成败进行了分析。其中,人民公社制度的失败主要是由于对社区产权排他性的限制,这种限制弱化了社区有效阻止生产经营活动的激励。与人民公社体制的失败相反,家庭联产承包责任制取得了巨大的成功,而这种成功,正是根源于合约结构的变化使得社会产权排他性限制的减少,在新的合约结构下,农业经营活动的剩余要求权变得更加明确。他还进一步从委托代理的角度,分析了当前农村地区村委会,作为农村基层唯一合法的正规制度安排,承担政府代理人、集体产权代理人、社区管理者等三项相互矛盾冲突的职能,并分析了这种委托代理关系对当前土地集体所有家庭经营制度治理结构的影响(陈剑波,2006)。

二、农村土地制度变迁的效果与评价

制度变迁的经济效率一直是制度经济学考察的重点,但由于制度因素较难量化的特征使其研究受到很多限制。农地制度与经济绩效之间的关系是发展经济学界长期关注的一个问题(黄祖辉、蒋文华,2002),农地制度与经济绩效之间的关系也是发展经济学界长期关注的一个问题。姚洋(2000a;2004)指出以世界银行为代表的国际机构在农地制度的经济绩效方面做了许多研究工作，但没有产生令人信服的一致性结论；他认为研究农地制度的绩效重点从影响途径方面着手，如地权稳定性效应、资源配置效应以及社会保障效应等。

虽然对制度要素的效果评价存在诸多方面的障碍，但研究者进行了广泛的尝试，特别是我国短期内丰富的农村土地制度变迁为这种实证提供了基础。林毅夫(2008)通过对集体制和家庭联产承包责任制的比较，认为家庭农场是发展中国家农业增长的更为适当的制度，中国的未来改革应该继续加强已经建立起来的农户制度的地位，在研究中，他进一步分析了家庭联产承包责任制的农业产出效能。有研究者沿着林毅夫(2008)的研究思路，研究了1978～2004年中国农村经济制度变迁对农业增长的影响，认为在农业生产中实施的不同土地制度对从事农业生产的人们形成不同的激励，而在农业生产和经营中推行的价格、财税制度变革又以形成的利益空间影响从事农业生产和经营的人们的积极性，因此，制度变迁是中国改革开放后农业增长的决定性因素(乔榛等，2006)。

土地产权制度会从两个方面影响土地产出。一是直接影响，即土地产权安排对人们的激励不同，从而影响人们投入生产的人力、物力和财力；二是间接影响，是指在不同的产权制度下，即使投入相同数量的劳动力、生产资料等，也会有不同的产出。伍山林(2002)研究了中国近40多年农村经济制度变迁与农业绩效的关系，认为市场化改革之前，农村没有高效率地利用农业资源；联产承包责任制改革之后，农业在较短时期里出现了恢复性的增长；市场深化过程中，农业结构发生调整，农业生产追寻比较优势，但20

世纪 80 年代中后期粮食生产徘徊不前，目前农业收入对农民收入地区差异贡献不大。黄少安等(2005)对 1949～1978 年中国大陆农业生产效率进行实证分析，认为在不同的土地产权制度下，所激励的生产要素投入量不同，从而农业总产出有较大不同；在投入相同的生产要素和政策要素下，农业的产出也有不同，采用“反历史事实法”的判断，经过综合比较后，得出“所有权农民私有、合作或适度统一经营”是相对较好的制度。因为在这种制度下，能较大程度地激励各生产要素的投入，土地和劳动等要素的利用率也较高，从而使农业总产值高速而稳定增长。

此外，我国土地制度表现出不稳定性特征，并伴随有一系列的诸如土地细碎化等问题(Carter，M.，1984；孔径源，1993；郑风田，1995；Rozelle，S. et al.，2001)。对于地权不稳定的影响，众多学者进行了研究，姚洋(1998)系统地分析了地权残缺对土地产出率的影响及其途径，发现地权稳定对农户的长期投资具有显著的推动作用。地权不稳定所导致的长期投资的减少，其效果可能在短期内并不明显，但长此以往，土地质量必然下降，从而影响中国农业的可持续发展。而对土地细碎化的问题，也有学者进行了研究，认为土地细碎化与农民的总收入水平呈正相关的关系，同时，土地细碎化还有利于农民收入不平等的缩小。这就表明现有的农地制度起到了公平分配生产资料、并缩小农民收入不平等的积极作用(许庆等，2008)。农民开展种植业的多种经营，仅仅是被动地接受了家庭联产承包责任制所导致的土地细碎化这一结果之后，而不得不做出的一个自然而然的反应或选择。还有学者的研究证明了土地细碎化与农户种植业的多种经营有着正相关的关系，土地细碎化增加了农户种植业的收入水平(李功奎等,2006)。

对农地制度的其他经济绩效,也有众多学者进行了考察,胡景北(2002)提出了农业土地制度决定经济发展机制的假说,并用20世纪中国经济史对该假说作了初步论证,认为20世纪上半叶中国经济发展机制是地主所有制下的古典二元经济机制,50年代初中国实行了土地改革,但到70年代末的计划经济发展机制依然类似于古典二元机制,而80年代初的中国农业改革最终把中国经济建立在准自耕农制度上,中国经济发展从此表现出工资上升、工资和利润共同储蓄的新机制。研究者对改革开放农地产权制度的耕地保护绩效进行了研究,认为以家庭承包经营为特征的农地产权制度在总体上正经历着一个从残缺到不断完善的过程:土地的使用权日渐稳定可靠,转让权从无到有,收益权的独享性得到增强。相应地,这种产权制度的变迁也影响到了我国的耕地绩效。改革开放至今农民对土地使用权的信心以及农地流转对耕地产出率的正效应是明显的,而作为农地完整产权的重要组成部分——土地收益权长期受到侵占(黄祖辉、蒋文华,2002;陈志刚、曲福田,2003)。此外,农村土地制度对农村非农就业、中国城镇化道路选择等都有重要影响(Kung,2002;Zhang et al.,2004;Jikun Huang et al.,2009)。

第三节 城乡发展与农村土地制度关系研究

农村土地制度作为我国城乡分离管理制度的重要组成部分,对城乡发展都有深刻影响。中国的现代化过程在某种程度上说就是土地增值和土地资本化的过程。而农民作为集体所有者拥有的最重要的资产就是农村的土地，在未来十几年间，农村土地资本的分配方式与分配格局在很大程度上将左右城乡经济一体化的发展进程（张晓山，2006），土地制度对城镇建设和经济发展都有着重要影响（Peter，1997；谭峻，2005）。早在20世纪90年代后期，就有学者提出，随着我国改革发展的深入，农村面临的许多难题大都是农村自身难以解决、并直接或间接与城市化有关，在1960年以后，我国提出了禁止农民进城、控制大城市发展的战略。提出这个战略的目的是为了避免工业化初期大规模农村人口盲目流入城市而造成的社会问题，有其一定的积极意义。但是，这个战略一直沿袭着，变化较小，这不仅阻滞了城市本身的发展，而且强化了我国社会、经济的二元结构；而强调“农民离土不离乡”，强调发展小集镇，实际上，就会造成很多人既离不了乡，也离不开土，把土地作为“福利”，作为“保险”，而不会轻易放弃土地，造成农业兼业化、离农人口“两栖化”（廖丹清，1995）。城市化过程中，与农民权益保障相关的是土地转用中的增值分配问题。周其仁（2004）认为，在我国现行土地制度下，伴随城市化的加速，城乡协调发展的基础受到很大的冲击，农民土地权益遭到严重剥夺，成为制约农民收入增加的一个重要根源；也正由于对土地转让权的不当管制，使市场价格机制不能在工业化城市化的土地资源配置中发挥正常作用。与此同时，也有学者论述了在城乡管理制度下，城乡差距也对土地制度提出了挑战，其突出表现是，由于进城农民工缺乏户口和相应的社会保障使得他们无法切断与农村土地的关系，这种“离乡不放土”的迁移模式将极大地影响农地制度的稳定性（陶然、徐志刚，2005）。

造成这种不稳定性的原因在于均分的农地制度安排影响了农村劳动力的迁移决策，例如，根据现行法律，如果迁移人口获得城市户口，就必须放弃农村土地。但由于跨省和在大中城市获得户口的门槛很高，而小城镇户口吸引力不大，迁移农民一般不愿意切断与乡村的联系，这就导致即使越来越多的农村劳动力转移到城市就业并从非农业部门获得主要收入，迁移人口仍然不会放弃土地，农村土地调整的压力仍然持续存在。

要使土地制度在促进城乡共同发展方面发挥作用，则需要让农民获得土地级差收益，分享工业化的成果，这也应成为农村深化改革、增加农民收入的重要突破口。也就是说，要增加农民收入，不能仅靠增加劳动性收入，还应该考虑要素参与分配的问题。要让农民的土地所有权这块最大的财产性收入得以实现，就应在法律上和政策上允许和鼓励农民以土地为资本参与农村工业化，将土地级差收益的一部分留给农民，让农民切实得到实惠(蒋省三、刘守英，2003)。

第四节　小结

总体上，我国改革前的农村土地制度研究以对中国古代土地制度史的考查为主。改革以后，有关农村土地制度的研究浩如烟海，针对农村土地制度变迁的研究包括农村土地制度变迁的动力机制、追踪20世纪90年代以来农村土地制度创新的经验、农村土地制度对农业和农村经济发展的绩效、农地制度的演进和区域差异等；近年来，针对农村土地转用中收益分配的研究也越来越多，众多学者提出征地制度的方案。但总体上，对农村土地制度变迁的研究局限于农村经济社会系统的范围内，而在城乡关系的研究中，多是从城市化、工业化以及人口流动和资本投入等方面分析城乡二元结构的原因和提出相关措施，较少把土地制度因素对城乡二元结构的“贡献”进行量化。对农村土地制度变迁与城乡关系的相互作用及其机制的研究不足。

第三章 城乡关系与农村土地制度变迁历史

中华人民共和国的建立，标志着中国民主革命的胜利。适应不同阶段国家发展战略需求，我国实施了不同的经济社会管理制度，其中，农村土地制度因其具有经济制度和社会制度的双重特征，而成为整个经济社会制度中最重要的制度安排之一。城乡关系作为我国经济社会发展中的基本关系，受到这些经济社会管理制度的深刻影响，并且不同阶段调整城乡关系的目标也要求对相关经济社会管理制度进行调整，例如，新中国成立前后，为解决"城乡对立"的问题，"城乡互助"就被作为基本经济纲领而写入具有临时宪法性质的《共同纲领》中。在此，梳理新中国成立以来作为基本经济社会关系的城乡关系和作为基本经济社会制度的农村土地制度的脉络，为进一步研究城乡关系和农村土地制度二者之间的关系提供基础。

第一节 城乡关系的历史变迁

城乡关系长期受到政府和学者的关注。从城乡关系的理论基础、主要特征、发展阶段、模式选择等，研究者形成了许多共识。但城乡关系涉及众多方面，是任何一个学科研究领域都无法全部囊括的。总体上，研究城乡关系的视角主要包括经济关系、社会关系、生态关系和技术信息关系方面。不同学科以及不同研究者多是根据本学科的理论以及研究者本人的知识背景提出问题，因而城乡关系研究结果存在巨大差异。由于以上各种关系的度量方法以及度量指标的可获得性上存在显著差别，也使得城乡关系研究的结果极大不同。经济关系因其与人们生活的密切相关性和度量指标的易得性、客观性而成为研究者长期关注的方面。城乡居民作为经济活动中的"理性人"，在相关城乡管理制度约束下，追求个体收入的最大化。因此，城乡收入差距通常可以作为城乡分割管理制度的最终体现。

一、两种方法度量的城乡差距

分别以比值法和泰尔系数方法度量新中国成立以来城乡收入差距的状况。比值法简单直观，并且具有明确的经济意义，但没有反映出城乡人口比重相对变化的信息。泰尔系数则可以加入人口比重的因素，能够较好地反映作为一个系统的城乡总体的收入差距状况，但对于比值大小，只有相对比较的意义，而缺乏明确的经济意义。在此，采用泰尔第一指数，计算公式为：

$$T_1 = \sum_{i=1}^{2} f_i \frac{Y_i}{\mu} \ln \frac{Y_i}{\mu}$$

其中，f_i 为城(乡)人口占总人口的比重，Y_i 为城(乡)平均收入，μ 为全部人口的平均收入。

两种测定方法显示的城乡收入差距的变动趋势分别如图 3—1、

图 3—2。可以看出,二者展现的城乡收入差距的基本态势是相同的。略有不同的是对当前城乡收入差距与 20 世纪 50 年代末城乡收入差距大小的判断:根据比值法的结果,我国城乡收入差距的极大值出现在 1956 年,其时,城乡收入比达到 3.35,进入 90 年代中期以后,我国城乡收入差距持续扩大,近年来城乡收入比的最大值出现在 2007 年,为 3.33,与 1956 年的城乡收入比基本持平。根据泰尔指数,城乡收入差距最大的年份为 2007 年,并且,自 2002 年以来所有年份的城乡收入差距都大于之前历史上的任何年份[①]。此外,两种方法都显示,城乡收入差距的阶段出现在改革开放初期,最小的年份都为 1983 年。

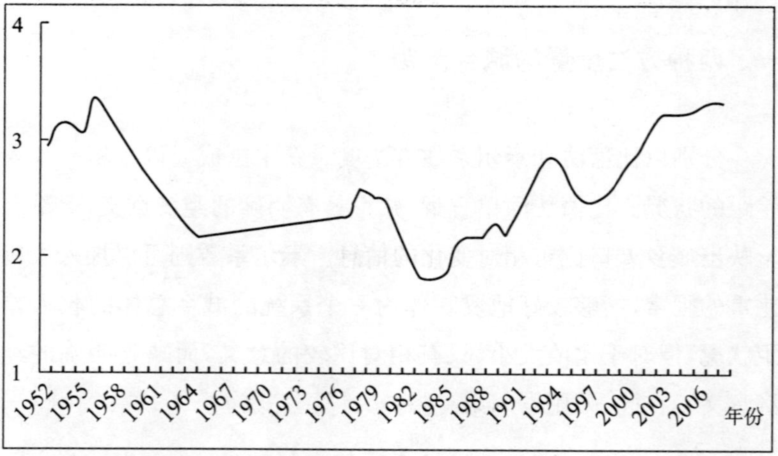

图 3—1　1952～2008 年城乡收入比变动

① 除特殊说明外,经济发展有关数据来源于相关年份统计年鉴,土地资源有关数据来源于国土资源年鉴。

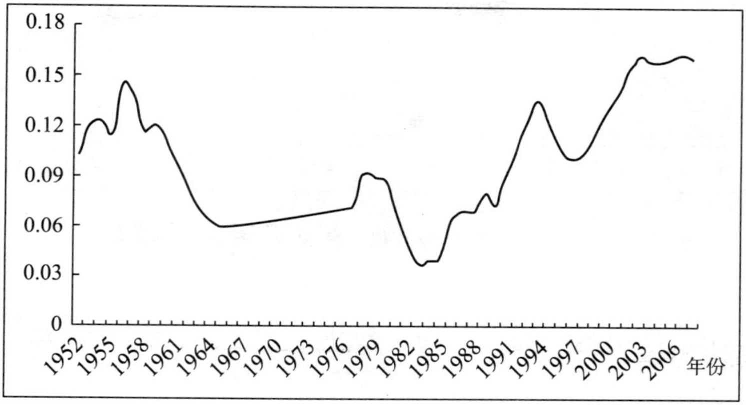

图 3—2　泰尔指数法测定 1952～2008 年城乡收入差距变动

二、城乡收入差距的阶段划分

如前所述，根据两种方法测定的城乡收入差距的变动态势是基本相同的。就总体情况看，我国城乡收入差距变动呈"U"型变化。进一步地，根据这一变动态势，并结合当前涉及城乡关系调整的一系列政策措施，大体上分为以下五个阶段。1952～1956 年，城乡收入差距迅速扩大阶段；1956～1978 年，城乡收入差距下降并大致稳定阶段；1978～1985 年，城乡收入差距迅速下降阶段；1985～2003 年，城乡收入差距在波动中持续扩大的阶段；2003 年以来，统筹城乡发展成为共识，一系列政策缩小城乡差距的政策开始相继颁布实施，标志着城乡关系调整进入一个新的阶段，图 3—3为各个阶段城乡收入差距变化情况的简单图示。

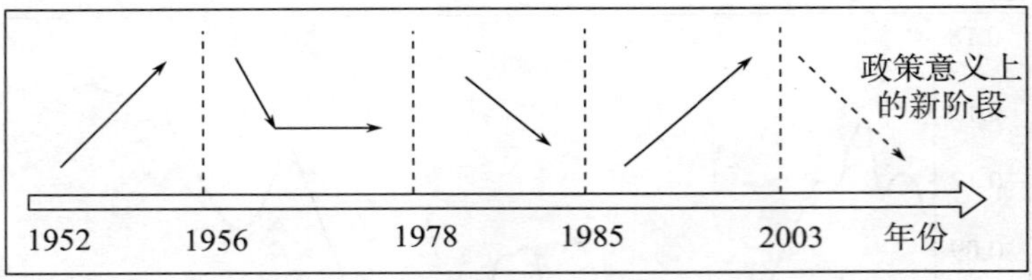

图 3—3　1952～2008 年城乡收入差距变动阶段划分简单图示

(一) 1952～1956 年的城乡收入差距

从新中国成立一直到 1978 年改革开放,我国选择了并不符合自身比较优势的重工业优先发展战略。由此采取了为保证这一战略实施的一系列政策,主要包括扭曲产品和要素价格的宏观政策环境、高度集中的资源计划配置制度和毫无自主权的微观经营机制,林毅夫等(1999)称其为"三位一体"经济体制。这一经济体制是决定我国农村经济体制和城乡关系变迁的基础,在此体制下,我国逐步建立起农业支持工业、农村支持城市和城乡分隔的"二元经济"结构。在当时以农业为基础、以工业为目标的经济结构和产业基础上,工农关系事实上成为改革前城乡关系的核心(武力,2007)。解决农业快速发展并为工业化奠定基础和提供保障的问题也成为我国最为根本的问题,处理工农关系以及在此过程中所实施的各项制度决定了城乡关系的走向。虽然到 1956 年,中央领导在总结社会主义建设经验时,强调要正确处理好重工业和轻工业、农业的关系[①]，并强调农业的基础地位，但在经济建设历程中，农业和农村事实上是附属于工业和城市建设的。

新中国成立初期，经过三年的恢复，于1952年开始实施社会主义改造。社会主义改造首先从农业开始，之后于1953年开始对手工业和资本主义工商业进行社会主义改造。我国于1953年制定了第一个五年计划，确立了重工业优先发展的战略[②]。适应这一战略要求，"三位一体"经济体制下较早建立的就是农产品统筹统销的制度，统购统销制度扭曲了农产品价格。农产品统购统销制度的建立以1953年政务院发布的《关于实行粮食计划收购和计划供应的命令》为标志，实行"统一收购、统一销售、统一调拨、统一库存"的政策，粮食经营和定价由国家垄断，剥夺了农民对农业剩余产品的自由支配权，并逐步限制了农副产品自由流动，由于定价过低，农业剩余以价格剪刀差形式流失。为解决农业发展中的问题，特别是经历三年自然灾害后，我国曾于1961年、1963年、1965年和1966年提高统购价格，但这并未改变工农业产品价格剪刀差的局面，而自1966年以后，一直到改革前，粮食价格就被固定下来。

因此，1952～1956年，在农产品统购统销制度建立的情况下，已经开始了剥夺农业剩余用于支持城市工业发展的过程。在手工业和资本主义工商业改造上，到1954年底，主要的大型私营工业企业通过公私合营的方式转变为公私合营企业。在商业方面，通

① 在重工业和轻工业、农业的关系问题上，要用多发展一些农业、轻工业的办法来发展重工业（见毛泽东《论十大关系》）。

② "一五"计划指出：社会主义工业化是我们国家在过渡时期的中心任务，中心环节是优先发展重工业。

过使私营商业执行经销代销业务的方式向国家资本主义商业转变。到1955年下半年,不少大中城市出现了资本主义工商业全行业公私合营的趋势。1956年,农业社会主义改造完成,切断了农业与资本主义工商业的联系,也加速了资本主义工商业改造的完成。在社会主义改造的初期,资本主义工商业改造尚未完成的情况下,通过农产品统购统销制度,众多城市工商业者已经获得了低价农产品。这也是城乡收入差距在此期间迅速上升的原因。

(二) 1956～1978年的城乡收入差距

1956年,对私营工商业的社会主义改造加快进行,实行了全行业的公私合营,通过赎买政策,将私营企业财产转为国有。对农业、手工业和资本主义工商业的社会主义改造基本完成。我国建立了完整的计划经济体制。

一系列适应计划经济体制的制度在这一时期得以建立、发展和完善,如几乎可以作为“城乡二元结构”代名词的户籍制度,正是以1958年颁布的《中华人民共和国户口登记条例》为重要标志而正式确立的。户籍制度之所以被作为城乡二元结构的关键制度,是因为二元管理体制的各项制度几乎都是以户籍为基础的。如粮食供给制度、副食品和燃料供给制度、教育制度、医疗制度、就业制度、养老制度、劳动保险制度、劳动保护制度等具体制度都是附着于户籍制度之上的。因此,这些制度也可以认为是广义上的户籍制度,通过这样的制度安排,形成了完全向城市人口倾斜、几乎包含社会生活各个领域的组织严密的管理体系。政府的许多部门都围绕这一制度行使职能。另外,作为计划经济体制重要组成部分的农村土地制度，在这一时期也经历了激烈的变化，并确立了持续 20 多年的人民公社制度。对农村土地制度的变迁过程，将在下节阐述。

然而值得注意的是，在此期间，虽然完全的城乡分割管理制度强化了城乡二元结构，但城乡收入差距不但没有增加，反而有所减小。城乡收入比由 1956 年的 3.35 逐步下降到 1961 年以后的 2.3 左右，这一差距水平基本维持到了 1978 年。之所以出现城乡收入差距缩小并稳定的情况，主要是由于在完全计划经济体制下，为快速实现工业化所需的资本积累，消费被压到极低水平。在农村，农民集体分配的份额也是先完成国家定购任务后的余额，虽然对于极端困难的地区，可以通过返销粮的形式获得粮食补给，但这也表明，农村人口消费在很低的水平。在城镇，社会主义改造完成后，生产资料私有制也被消灭，城镇居民收入也就成为由国家计划所确定的工资和相关福利，而丧失了自主经营获得收入的可能性。这一极低的收入（消费）水平可以由居民收入占 GDP 的比重体现出来，除经济增长出现大幅度波动时外——通常是处于负增长时期，收入占 GDP 的比重基本是在稳定下降的；经济负增长时期，出现居民收入占 GDP 比重上升的情况，也说明居民消费水平已经很低，为保证居民生存，已经难以再做进一步的压缩（图 3—4）。对前一年的经济增长率与下一年的居民收入占 GDP 的比重进行相关分析，在 0.05 的显著性水平上，二者负相关系数为－0.501，这主要是由于工资由计划确定，而确定的依据通常是经济状况，很多情况下，经济增长率目标可能因各种原因而无法实现，但工资却因事先确定的指标而较少变化（图 3—5），这也说明工资基本被固定在一定水平，而较少随经济发展状况而有大的变化。

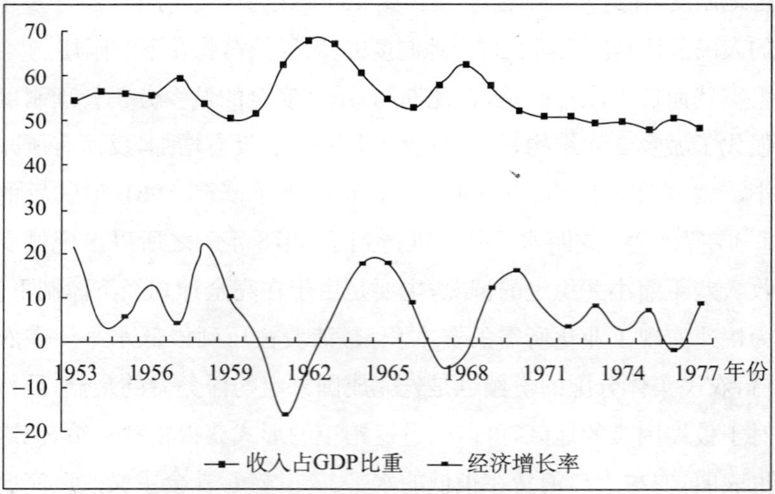

图 3—4　1953～1978 年城乡居民总收入占 GDP 的比重和经济增长率变动(%)

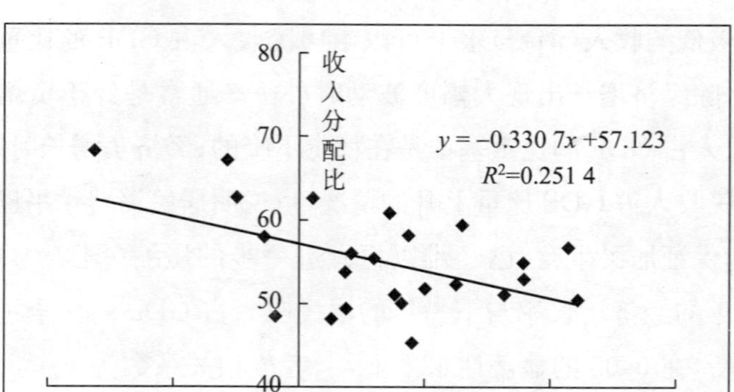

图 3—5　经济增长率与滞后一年的收入分配占 GDP 比重关系

此外，也由于这一时期，意识形态体现出强大的控制力，政治生活成为经济社会生活的主要部分，对公平的高度强调，也是城乡收入差距相对较小的原因。

(三) 1978～1985 年以农村为主的改革初期的城乡差距

到 1978 年，经历长时期以"阶级斗争"为纲和各种政治运动的冲击，我国国民经济极为困难，其中，在农民人口仍占 80%以上情况下，由于农村经济发展不仅要满足全部农村人口的需要，而且需要为工业化和城镇人口提供资本积累和农副产品供应，因此，解决农村经济的问题尤为紧迫。我国的改革也首先始自农村。经济改革部分地变更了生产要素在城乡之间的配置机制和城乡各自内部的收入分配制度，进而使城乡二元经济结构和整个收入分配格局发生了一系列变化(朱玲，1991)。1978～1985 年，大致可以看做以农村为主的改革阶段，在这一阶段，以农村土地为基础的经营体制的创新以及以农副产品价格调整为重要刺激手段的改革极大地激发了农村劳动者的热情。农业生产快速发展，农民收入迅速增加，城乡收入差距大大缩小，城乡收入比从 1978 年的 2.57 下降到 1983 年的 1.82，又略微增大到 1985 年的 1.86。20 世纪 80 年代初期，也是城乡收入比低于 2 的唯一的时期。

如上所述，除家庭经营机制的激励作用外，价格改革对农民收入增加也产生了巨大的促进作用。十一届三中全会后，从 1979 年开始，主要粮食作物和农副产品收购价格都有大幅度提高，其中，稻谷、油料作物、棉花、食堂和猪肉的定购价格平均提高了 17.1%，超购价格和定购价格的加权平均提高了 22.1%(林毅夫，

2008)。其中,玉米、稻谷、小麦等六种粮食统购价格平均提高20.1%,每百斤价格由10.64元提高到12.86元。从1978年到1984年的七年间,粮食收购价格水平提高了98.1%,平均每年提高14.0%。另据测算,从1978到1988年的十年间,农产品收购价格指数实际指数上升144.6%,这使农民增收6 317亿元,扣除工业产品提价,净增1 888亿元(刘洋,2005)。在提高价格的同时,国家对粮食的全面控制也有所松动,并放开了粮食集贸市场,农民在完成定购义务后,可以将农产品在市场上出售。根据林毅夫估计的农产品在农贸市场上出售的价格与工业品价格比例的指数,经过两年的略微下降后,之后持续扩大,到1987年,该指数为135.2,这也说明了工农业产品价格剪刀差在逐渐缩小。

总之,改革初期城乡收入差距的迅速缩小得益于多种因素,其中,价格因素和土地制度改革因素具有重要作用。根据谢伏瞻(1994)的估算,80年代初,价格因素在农民收入增长份额中比重超过15%;土地制度因素通过促进农业生产的增长而对农民收入增长起到了巨大促进作用。

(四) 1985～2003年城市改革推进发展阶段的城乡差距

农村改革极大鼓舞了决策层的信心,为我国进一步的改革积累了经验,改变单一公有制和改进计划经济体制成为继续深化改革的方向。自1985年起,以城市为中心的改革全面启动,以城市为中心的利益格局重新恢复,虽然1985年以来,乡镇企业得到快速发展,农民非农就业收入开始迅速增加,但这一时期的城乡壁垒并没有根本消除,特别是户籍、就业、社会保障等方面限制依然存在。因为种种制度性限制而形成的往返与城乡之间的农村流动人口，虽然获取了一定数量的工资性收入，但因为户籍以及身份的歧视，流动农民工成为支持工业化，特别是沿海地区外向型出口企业快速发展的廉价的劳动力，例如从 20 世纪 90 年代中期开始的十年间，沿海众多劳动密集型出口企业的农民工工资增长很少，甚至几乎没有变化，正是通过压低劳动成本，加快了企业积累进程。通过以低价方式征收土地，不仅为城市的发展提供了大量的资金，而且降低了城市发展成本(武力，2007)。

另外，在农产品价格改革方面，虽然改革初期一度提高农产品价格，对增加农业生产、促进农民增收发挥了重要作用，但回顾我国粮食价格体制改革的过程，虽然总体方向上向市场化不断推进，却屡经反复，并且随着粮食产量增减而始终采取基本上是有利于城市居民的改革方向，特别是在 1996 年粮食又一次大丰收之前。例如，由于改革初期农产品的迅速增长，加之定购和超购价格提高，政府财政负担急剧加重，根据统计，1978～1984 年，政府价格补贴由占国家预算的 8.4%增加到 24.6%。1985 年，国家取消粮食统购价格，改为合同定购；而到 1989 年，因为几年农业生产徘徊，合同定购又改为国家定购，政府始终拥有优先选择权。1993 年，国务院发出了《关于加快粮食流通体制改革的通知》，提出了要在国家宏观调控下放开粮食价格和经营，主要措施是保留粮食定购数量，价格随行就市，总体上，实行收购最低保护价和销售最高限价，“保量放价”使农民对价格预期又一次下降。随后，两年粮食产量大幅度下降，粮食供给趋紧。1994 年初，国务院又发出《关于深化粮食购销体制改革通知》，重申定购是农民应尽的义务，必须完成，定购价格由国家确定。在1994和1995年粮食价格的持续上涨的推动下，为保证农民种粮的积极性和增加农民的收入，国家决定从1994年夏粮上市起就提高四种主要粮食的定购价格的40%。1996年在1994年粮食定购价格提高的基础上再提价42%，1996年出现了粮食丰收的局面。1997年国务院决定按保护价敞开收购农民余粮，强化了粮食收购的保护价政策，1997～1999年，粮食再度丰收，但农产品市场供求关系一直没有得到改善，特别是出现了大宗农产品过剩，优质农产品不足的局面，我国农业发展进入新阶段（农业部软科学委员会课题组，2000），农产品价格持续走低。尽管实施了粮食等保护价政策，但由于受市场价格的制约、库存积压多，粮食收购价也跟着下跌。正是农产品需求刚性较小的价格弹性，导致出现农产品增产不增收的局面。

（五）2003年以来进入追求城乡统筹发展的新阶段

日益严重的城乡差距问题受到高度重视。城乡差距不利于社会稳定，而且众多研究表明，过大的城乡差距对经济发展产生阻碍作用。自2002年，党的"十六大"报告首次提出"统筹城乡经济社会发展"。自2003年开始，城乡收入比虽然仍在扩大，但差距增加的幅度已经有所下降；而根据泰尔指数计算的结果，城乡收入差距则在2003年达到最大后，略有下降的趋势。无论何种计算方法，总体上，从城乡收入差距变动的趋势看，2003年后，城乡差距即使还没有开始迅速缩小，但至少已经进入总体稳定并呈现出下降趋势。这得益于一系列密集的旨在促进城乡统筹发展的政策措施的实施。2004年起，事隔近20年后，中央又一次以"一号文件"的形式出台支持农村发展，促进城乡统筹的政策，而且，这一次，连续六年的一号文件都是关于农村农业发展问题(表 3—1)。十七大报告以及十七届三中全会上，更是对城乡统筹发展提出了明确的要求。

表 3—1　2004～2009 年“一号文件”与“城乡统筹”

年份	有关“城乡统筹”内容
2004	按照统筹城乡经济社会发展的要求，坚持“多予、少取、放活”的方针，调整农业结构，扩大农民就业……
2005	坚持统筹城乡发展的方略，坚持“多予、少取、放活”的方针，稳定、完善和强化各项支农政策。
2006	统筹城乡经济社会发展，实行工业反哺农业、城市支持农村和“多予、少取、放活”的方针，按照“生产发展、生活宽裕、乡风文明、村容整洁、管理民主”的要求，协调推进农村经济建设、政治建设、文化建设、社会建设和党的建设。
2007	统筹城乡经济社会发展，实行工业反哺农业、城市支持农村和“多予、少取、放活”的方针。……强化农村公共服务……确保新农村建设取得新的进展。
2008	坚持把解决好“三农”问题作为全党工作的重中之重……坚持统筹城乡发展，不断加大工业反哺农业、城市支持农村的力度。
2009	坚定不移推进社会主义新农村建设，坚定不移走中国特色农业现代化道路，坚定不移加快形成城乡经济社会发展一体化新格局。

随着对城乡统筹发展认识的不断深入，支持农村发展、农民增收的力度也在加大，自 2004 年起，首先是粮食直补，并且补贴额度逐年加大，之后又增加到生产资料综合直补；2006 年，全国范围内免除农业税；此外，新农合、家电下乡等众多改善农村居民生活条

件的措施相继实施，户籍改革逐步推进，统筹城乡发展，破除城乡二元结构已经进入了实质性的行动阶段。

第二节　农村土地制度[①]变迁

农地是农业生产的基础，我国作为一个农业大国，人多地少的矛盾长期存在。从历史来看，封建社会的朝代更迭与治乱循环，都与农地密切相关，而其中起关键作用的正是界定了农地的占有、收益分配等状况的农地产权制度。中国近现代民主革命史也证明了土地制度在经济社会发展中的重要性，中国共产党从领导中国革命、建设的实践中深刻认识到了农村土地制度的重大意义。新中国成立以来，我国农地制度的屡次变迁，无论来自其中的是丰富的经验还是惨痛的教训，都折射出政府对农地制度的高度重视。应服务经济社会发展和政府决策需求，学术界对农地制度开展了广泛的研究，其中，作为基础的农地制度变迁历史的梳理、总结成果更是丰富，并且也形成了较为客观、一致的观点。本部分正是在这些研究成果的基础上，简单回顾了新中国成立以来农村土地制度变迁的历程。在此，把农地制度分为两个方面，其一是与农地发挥

① 农村土地包括用于农业生产的农用地和农村建设用地；农村土地制度不仅指农用地的相关制度，也包括与农村建设用地相关的制度。农村农用地、非农建设用地以及未利用地等分别适用于不同的法律规则。在城乡用地转换的过程中，占绝大比重的是农用地，而且，在农村建设用地转换（这种情形主要发生在城乡结合部）中，土地补偿价格与国有建设用地相差不大，由于研究中主要涉及城乡关系变化以及对城乡关系产生影响的用地转换，因此，所称的农村土地制度主要指农用地（重点是耕地）相关的经营以及征用制度。

农业生产功能相关的农地经营制度；其二是与农地转为建设用地有关的农地征收制度。

一、农村土地经营制度变迁历程

长期以来，土地所有权制度被置于农地制度的核心。改革以来，我国农地产权制度改革的主要目标开始转变为实现土地有效利用，并建立了以土地利用权、而不是土地所有权为核心的土地制度（叶剑平等，2000；王卫国，2002；Loren 等，2004）。这也形成了我国围绕农地的所有权和使用权，并最终强调使用权的农地制度变迁过程。研究者普遍认为新中国成立以来农地产权制度经历了四次显著的变革过程。每一阶段内，又可以根据不同时期的产权特征进一步进行细分。

（一）农村土地经营制度变迁的总体过程

总体上，围绕农地的所有与使用状况，新中国成立以来的农地产权制度变迁大致经历了四个主要阶段：建国初期的土地改革（1949～1952），消灭了封建土地所有制度，实现了封建地主土地私有制向个体农民土地所有制的过渡；合作化时期（1952～1958），经过互助组、初级社、高级社三个阶段的农业合作化运动，农地已经由农民私有私用逐渐转变为私有共用；人民公社时期（1958～1978），经过人民公社化运动，农地由农民私有彻底变为社会主义的集体所有制；家庭联产承包责任制（1978 年以来）实现了农地所有权与经营权的分离，农地实行集体所有，但农户获得了独立的经营权，我国农地制度改革在这一时期以后，开始更加强调土地的使用，而不是占有（图 3—6）。

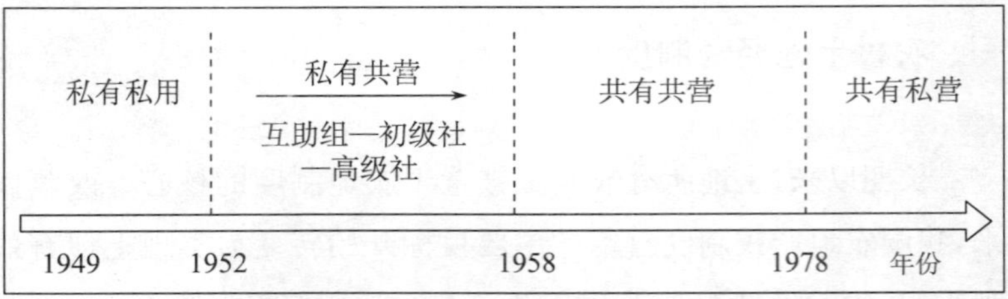

图 3—6　1949 年以来农地经营制度变迁图示

（二）土地改革实现了封建地主土地私有制向农民个体土地私有制的过渡

新中国成立后，保证占人口绝大多数的农民获得土地，调动农民积极性、恢复生产、发展经济、巩固新政权成为制定当时土地制度的根本要求。新中国成立前期，在总结中国共产党领导土地制度改革经验的基础上，就已经提出了新中国成立后有关土地制度改革的法律。如 1947 年 9 月颁布的《中国土地法大纲》及 1949 年 7 月中国人民政治协商会议通过的《共同纲领》都明确提出了没收地主土地，变封建土地所有制为农民土地所有制的土地制度。1950 年 6 月颁布的《中华人民共和国土地改革法》，明确规定和阐述了土地改革的路线、方针和政策，指导全国开展土地改革，规定了土地改革废除地主阶级封建剥削的土地所有制，实行农民的土地所有制的最终目的。这也是新中国成立初期，有关土地制度改革的标志性法规。

土地改革通过没收或征收地主、富农、宗教机构等的土地分配给无地、少地农民和农村劳动者，从而改变了过去农村土地占有高度集中的局面，使农村3亿无地少地的农民获得了7亿亩的土地。到1952年年底，全国广大新解放区的土地改革已全部完成。土地改革前后地主阶层人口比重和占有耕地比重由3.79%和38.26%下降为2.6%和2.2%，而贫雇农阶层人口比重和占有耕地比重相应地由57.44%和14.28%变为52.2%和47.1%（图3—7，图3—8）。农民不仅获得了土地，而且获得了必要的生产工具，能够独立开展土地经营。这一时期，农民具有完整的土地权利，除需交纳一定的税费外，土地所有权和经营权都完全统一于农民，土地产权可以自由流转。

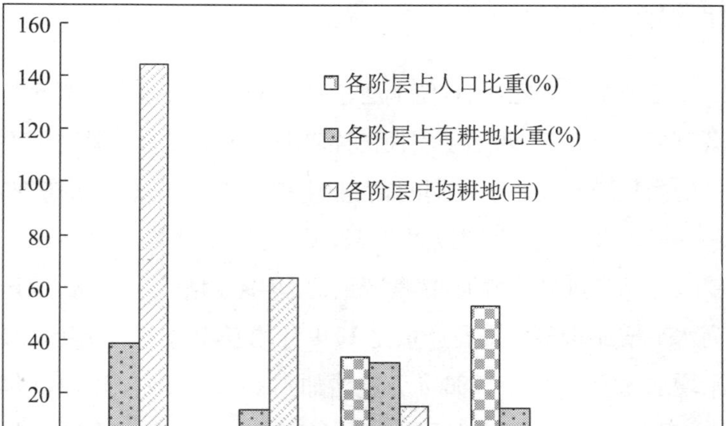

图3—7　土改前中国农村社会各阶层人口比重及耕地占有状况（1949年）

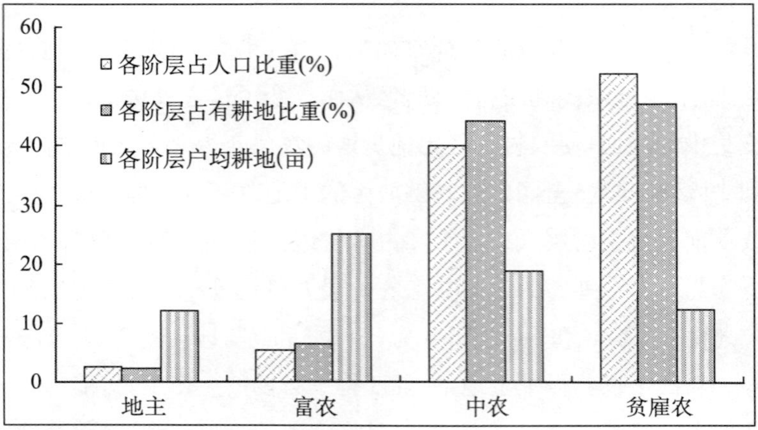

图 3—8 土改后中国农村社会各阶层人口比重及耕地占有状况(1954 年)

注:①资料来源于《中国农村经济统计年鉴(1989 年)》;②图 3—8 选用土改完成、农村处于农业合作化初期的 1954 年的数据,其时,土地仍归私人占有,可以大致代表土改完成后的农村土地占有情况。

土地改革基本完成后,使土地这一最重要的农业生产资料与劳动者直接结合起来,调动了农民的生产积极性,大大地促进了农村经济的恢复和发展。土改期间,农业生产从战争破坏中迅速恢复。1950～1952 年,农业生产以每年 13.8%的速度增长。1952 年全国主要农产品产量显著增加,粮食产量比 1949 年增长 44.8%,比历史最高水平增加 9.3%,棉花产量比 1949 年增长 193.7%,比历史最高水平增加 53%;油料由 256.4 万吨增加到 419.3 万吨,比 1949 年增长 63.5%。农业总产值也由 1949 年的 326 亿元增加到 1952 年的 461 亿元,增长 41.4%。

（三）农业合作化时期实行农民土地私有与共同经营制度

针对土地改革完成后，农业资金积累较少，农业基础设施较为薄弱，单户农民无力抵御农业生产过程中突发的自然灾害和进行较大规模农业基础设施建设的情况，中国共产党开始引导农民走合作化的道路。根据合作化水平的不同，这一时期又可分为互助组、农业生产初级合作社、农业生产高级合作社三个阶段。

第一阶段，大致从 1951 年底 1952 年初到 1953 年，为互助组阶段。1951 年底下发了《中共中央关于农业生产互助合作的决议（草案）》，认为在现有经济技术条件下，需要将农民“组织起来”，发展农民互助合作，引导农民走上共向富裕的道路，改变农业的落后面貌，《决议（草案）》下发给各级党委试行。随后，农业互助组开始快速发展起来。农业互助组是不触及农民土地所有权的生产合作组织，完全按照农民自愿互助原则，各种生产资料完全私有，只是在生产过程中互助合作，一般由相邻的 4～5 户农民组成，农户在农忙时将各自的劳动力、农具和牲畜等集中起来。这种互助形式符合农业生产的季节性特点，体现了农业生产中规模经济的特征。这种互助组即使在新世纪以来的广大农村也以不同形式存在着。到 1953 年，全国共有互助组 745 万个，其中常年互助组 181.6 万个，季节性互助组 563.4 万个（王琢、许滨，1996）。

第二阶段，1953 年开始到 1956 年，为农业生产初级合作社阶段。在鼓励农村发展互助组的同时，中央政府开始在全国试办农业生产初级合作社，初级社在承认土地私有的前提下，农民以土地、农具等生产资料入股，集体劳动、民主管理、按劳分配和按股分红相结合。1953年12月，中共中央发出了《关于发展农业生产合作的决议》，强调初级农业生产合作社正日益变成领导互助合作运动继续前进的重要环节，这也可以说是我国开始对农业进行社会主义改造的起点，并拉开了变革私有土地制度的序幕，目的在于防止小农经济和私有经济发展造成的两极分化问题。初级合作社一般由20～30个相邻农户组成，按统一的计划将资产组合起来。初级合作社快速发展，1954年初，初级合作社仅有1.4万个，到1955年发展到65万个，到1956年，已经发展到100多万个。1956年3月通过的《农业生产合作社示范章程》，标志着全国基本实现了初级合作化，到1956年4月，全国建立的农业初级合作社超过100万个，入社农户10 668万户，占全国农户总数的90%。在初级社的发展过程中，领导者的快速推进社会主义改造的意志起到关键作用。例如，1955年毛泽东在《关于农业合作化问题》的报告中，认为农村工作部没有看到群众要求合作化的热情，指责农村工作部稳步推进合作化的做法是"小脚女人走路"和"右倾机会主义"；同年底，毛泽东又认为，只需要1956年一年，就可以基本完成合作社由半社会主义到全社会主义的转变。这直接推动了初级社向高级社的迅速发展。

第三阶段，1956～1958年为农业生产高级合作社阶段。合作化运动开始以来，仅用三年的时间，就基本完成了初级阶段，推行初级社的成功经验极大地鼓舞了决策者。随后，开始对合作化采取更为大胆和激进的态度，决策者主权的作用范围和程度进一步拓展，从而掀起了向公有化程度更高、规模更大的农业生产高级合作社过渡的高潮。这一阶段的合作化，包括初级社后期发展阶段，与其说是按照计划和发展条件逐步推进，毋宁说是在政治手段和意识形态的支配下的强制推行。根据1956年6月颁布的《高级农业生产合作社示范章程》，在高级社阶段，农民私有的土地、耕畜、大型农具等主要生产资料以及土地上附属的私有塘、井等水利设施，被一起转为合作社集体所有；土地报酬也被取消。到1956年底，全国共有高级社54万个，参加高级合作社的农户就达1亿多户，占全国农户总数的87.8%，全国众多农民未曾加入初级社便直接进入了高级社，高级社的规模也从最初的约30户，发展到一个村的所有农户。高级社把农村土地从个体农民所有转变为社会主义劳动群众集体所有。

合作化运动各个阶段最大的不同在于合作规模以及生产资料所有和经营的方式，由此体现出的不同生产关系与生产力发展阶段匹配状况大大不同。就农业发展的效率看，互助组和农业初级合作社都保证了土地产权主体的明确性，成员之间只是合作性质，其自愿原则和可以自由退出的机制可保证合作组织在经济上的效率，其中初级合作社具有一定的股份合作制性质，所有权与使用权分离，可以保证要素的合理配置，互助组及农业生产初级合作社的发展在一定程度上克服了小农经济的缺陷，促进了农业生产的发展、农用技术的推广和农业基础设施的建设，为中国工业化的起步做出重要贡献。新中国成立后直至1956年农业生产一直保持了较高的增长势头，特别是1953～1956年，农业生产遇到几次自然灾害，然而全国主要农作物产量仍保持持续增长的势头。1953年遇较大水灾，然而粮食产量仍比1952年增长了1.8%，1954年遭到百年未有的大水灾，仍比1953年增长了1.6%；1955年全国粮食大丰收，比 1954 年增长了 8.5%；1956 年遭受新中国成立以来最严重的水、旱、风等自然灾害，仍在 1955 年较大发展的基础上又增长了 4.8%。尤其值得注意的是，合作化促进农业基础设施的建设和发展，1956 年全国共新建及整修渠塘 1 400 多万处，增加水井 500 多万眼，抽水机 27 万马力。高级社阶段虽然仍规定了农民的退社自由①，但通常已经只具有象征性的意义，实际上农民主动退社几乎不可能。

由初级社向高级社的过渡时间很短，很多矛盾被掩盖。高级社脱离了生产力发展水平，挫伤了农民的生产积极性。尽管全国农业生产继续向前发展，但增长速度明显下降（Kalyani B.，1973）。1957 年全国粮食产量为 19 505 万吨，较 1956 年仅增长 1.2%；1958 年的粮食产量为 19 765 万吨，较 1957 年增长 1.3%，这两年粮食增长率均低于 1949 年以来其他年份的水平。

（四）人民公社阶段实行共有共营的土地制度

人民公社是合作化进一步发展的更高阶段。在“一大二公”、认为公有化程度越高越能促进生产力发展的思想指导下，合作化运动快速推进，并且，1958 年我国农业生产因较好的自然气候条件而继续发展，掩盖了高级社的矛盾，这些使得领导者更加坚定了扩大经营规模、尽快实现共产主义的思路。高级社经过短暂的稳定后便迅速向规模“更大、更公”的方向发展。仅仅经过一年多时

---

① 《高级农业生产合作社示范章程》中规定“社员退社的时候，可以带走他入社的土地或者同等数量和质量的土地，可以抽回他所交纳的股份基金和他的投资”。

间的高级社在 1958 年 3 月,《中共中央把小型的农业合作社适当地合并为大社的意见》下发后,全国即开始了小社并大社的工作,“适当”让位于“迅速”。从 1958 年 9 月初开始,人民公社化运动在全国农村进入高潮。根据 1958 年 12 月中共八届六中全会通过的《关于人民公社若干问题的决议》,经过几个月的时间“全国 74 万多个农业生产合作社……改组成 2.6 万多个人民公社,参加公社的有 1.2 亿多户,占全国农户总数的 99%以上”。至此,全国范围内全面实现了人民公社化。据估计一个公社的平均规模约为 5 000户、10 000 个劳动者和 10 000 亩土地。值得注意的是,根据 1958 年 8 月下发的《关于在农村建立人民公社问题的决议》,人民公社运动实行的是“政社合一”的制度。也就是说,人民公社不再是农业生产方面的专业性合作社,而是“工、农、商、学、兵”五位一体的综合性合作社,成为具有合作社和基层管理组织的地域性社会单位。人民公社体制建立后,因为严重危机的发生而在“大”和“公”上有所后退。20 年的人民公社大致也可分为三个阶段。

第一阶段为 1958～1961 年,人民公社全面建立之后,又有一定后退。根据《关于人民公社若干问题的决议》规定,在越大越好的思想指导下,把管理区(生产大队)作为进行经济核算的单位,而盈亏由公社统一负责,生产队(生产小队)只是组织劳动的基本单位。土地等生产资料所有权的单位上升到人民公社,并且,在人民公社初期,不仅原来属于高级社的土地无偿划归人民公社所有,而且,原来高级社时期农民可以保留的不超过 5%的自留地也收归人民公社集体所有。在产权关系调整上,采取“一平二调”的办法,完全无视各个合作社间的实际差异。至此,农户完全失去了对农地的独立使用权、处置权和收益支配权，并且，公社成员资格也是强制性的，农民自由退社的权利被彻底剥夺。林毅夫(2008)认为，正是由于农民自由退社的权利被剥夺，集体化的性质从重复性博弈变为一次性博弈，从而，一个具有自我实施性质的协约就因为人们不再可能用“退出”方式来保护自己而失效。由此导致农民生产积极性大大下降，农业生产受到严重影响。这种不符合实际的生产关系调整成为导致农业危机的根本原因，据估计，在这次农业危机中，非正常死亡的人数超过 3 000 万，与其说这是“天灾”，毋宁说更主要的原因在于“人祸”。在全国灾难性饥荒的巨大压力下，这一时期的政策有所改变。在 1959 年全面经济危机压力下，开始了“调整、整顿、充实、提高”的经济政策，中共中央于 1960 年 11 月发出《关于农村人民公社当前政策问题的紧急指示信》，决定将农村合作化的组织形式退回到相当于高级社的水平，生产队(指生产大队)作为基本核算单位和统一分配单位，并允许“社员经营少量的自留地和小规模的家庭副业”。

第二阶段为 1962～1966 年，人民公社合作化水平继续降低，并相对稳定下来。我国高级社经历的时间很短，很多深层矛盾并未显现，人民公社退回到大致相当于高级社水平，并未使农业发展有更大发展，鉴于此，领导层又一次对农民做了有限度的让步。1962 年 9 月，颁布了《农村人民公社条例修正草案》，即著名的人民公社“六十条”，把基本核算单位、盈亏负责单位、收益分配单位确定在了生产小队一级，并允许社员留有自留地，规模一般为生产队耕地面积的 5％～7％，这实际上退回到了初级社的合作化水平。这时的土地制度虽仍为“三级所有，队为基础”，但此时的“队”

一般指生产小队，生产小队拥有土地所有权，使用权和收益权也统一于生产小队。表 3—2 给出了 1962 年农村土地三级所有的状况。可以看出，全国绝大多数人民公社的土地属生产小队所有。

表 3—2　1962 年人民公社土地所有权状况

组织单位	总数(个)	拥有土地所有权(个)	拥有所有权占比(%)
人民公社	74 771	200	0.27
生产大队	703 000	29 000	4.10
生产小队	5 580 000	5 467 000	96.10

资料来源：王景新(2001)，转引自陈志刚(2003)。

第三阶段，1966 年开始的“文化大革命”使我国的经济社会再次陷入混乱，虽然“人民公社六十条”所确定的“三级所有、队为基础”的基本制度保存下来，但事实上已经是变味的“队为基础”①，并且对“调整、整顿、充实、提高”时期提出的“三自一包”(自由市场、自留地、自负盈亏、包产到户)也予以全面否定和批判，使社员的自留地被当做资本主义尾巴割掉，农村个体经济也被限制发展。在分配体制上，实行以政治工分制代替小组作业、小包工的分配形式。虽然形式上土地等生产资料归生产小队所有，但生产大队和

① 甘肃秦安县杜寨大队书记杜福喜 1977 年对合作化发展后大队农业生产状况的回顾说：“合作化初期的 1956 年，粮食多得很，家家够吃。1960 年‘大跃进’把人饿坏了。1962 年，贯彻‘六十条’日子好了些。1966 年开始‘文化大革命’，‘六十条’不讲了，各项制度没有了，庄稼务得一年不如一年。过去是按劳分配加照顾……现在是人劳比例分配……人们都不愿给集体干活了……”(引自：牛颖、彭效忠：《宋平在甘肃》，中央文献出版社，2003)这也表明 1966 年后，名义上的基本制度可能并未很好贯彻。

公社则通过行政的或经济的手段对生产小队的产权进行直接或间接的干预或制约加以实施。因此，尽管农地的所有权名义上主要由生产队拥有，但是生产小队对其所有的农地并无完全独立的使用权和处置权，收益权也受到严重限制。

纵观1952年土地改革基本完成后到1978年，人民公社开始逐步解体，我国农村土地制度的变迁，总体上看，经历了公有化程度不断提高的过程（图3—9）。不同的土地产权制度导致了不同的农业生产效率。土地所有权农民私有、合作或适度统一经营可能是相对较好的制度，而人民公社则是相对最缺乏效率的制度安排，人民公社的低效率，也直接导致农业生产的徘徊。到1978年全国平均每人占有的粮食大体仍相当于1957年的水平，全国农村还有2.5亿人没有解决温饱问题。

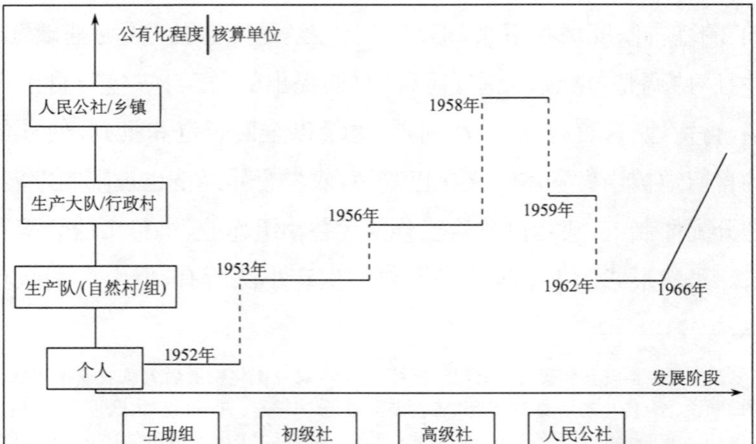

图3—9　合作化以来农村土地公有化程度演进图示

最后，需要指出的是，虽然公有化程度过高的合作化造成了农业生产效率的低下，但这一时期，较大规模的农田基础设施建设取得了较大的成绩，例如，1952～1957 年，有效灌溉耕地面积年均增长率超过 6.5%，1958～1977 年为 2.5%，1978～2004 年则下降到 0.7%。

（五）农村土地家庭联产承包责任制使土地所有权和使用权分离

1978～1983 年为家庭联产承包责任制在争论中受到肯定的时期；1983 年后家庭联产责任制正式取代人民公社体制，始于 1958 年的人民公社正式终结。

1978 年召开的十一届三中全会拉开了我国改革发展的序幕，自此，改革开放开始成为中国经济发展的主旋律。改革首先开始于农村，更确切地说是开始于农村土地制度。十一届三中全会通过的《关于加快农业发展若干问题的决定（草案）》，仍强调继续和维持“三级所有，队为基础”的人民公社体制，认为这种制度适合我国农业生产力发展水平，并规定“不许包产到户，不许分田单干”。全会还制定了《农村人民公社工作条例（试行草案）》，对“六十条”进行了修改。这两个“草案”中的第一个经过试行后并修改后，于 1979 年经中共十一届四中全会正式通过实行，即《中共中央关于加快农业发展若干问题的决定》。第二个“草案”由于考虑到人民公社制度可能需要改变，而没有提交十一届四中全会通过和公布。1979 年的《决定》对 1978 年《决定（草案）》中的两个“不许”修改为“不许分田单干。除某些副业生产的特殊需要和边远山区、交通不便的单家独户外，也不要包产到户”。这事实上对包产到户放开了一个口子。之后关于农村经营体制以及土地制度的探索和争论仍在继续。1980 年 9 月，中央下发《关于进一步加强和完善农业生产责任制的几个问题》的通知，对人们争论的生产责任制给予了充分肯定，并且在土地制度方面，规定“已经包产到户的，如果群众不要求改变，就应该继续允许实行”。此后，农业生产责任制在全国迅速推广，到 1981 年底，全国 90％以上的生产队建立了不同形式的农业生产责任制。随后，1982 年元月中央发布以“一号文件”的形式发布《全国农村工作会议纪要》，成为连续五个中央一号文件的第一个，总结了农村改革发展中的一系列问题，针对争论激烈的土地制度和生产责任制问题作了清晰说明和判断。1982 年的一号文件第一次明确了“包产到户”的社会主义性质，突破了传统的“三级所有、队为基础”的体制框架，指出目前实行的各种责任制，都是社会主义集体经济的生产责任制。它不同于合作化以前的小私有的个体经济，而是社会主义农业经济的组成部分。文件还规定农村土地所有权仍归农民集体所有，而且指出“将逐步发展成为更为完善的集体经济”。1983 年的《当前农村经济政策的若干问题》则进一步充分肯定了农业生产责任制，并指出家庭联产承包责任制“是在党的领导下中国农民的伟大创造，是马克思主义农业合作化理论在中国实践中的新发展”；除了在经营体制上实行家庭联产承包为主的生产责任制外，文件还指出，在人民公社管理体制上，实行政社分开，这事实上宣告了人民公社体制的解体。这一时期，更为彻底的“包干”而不是“包产”责任制形式全面实行，根据统计，到 1983 年，全国实行“大包干”的生产队数达到 57.6 万个，占实行生产责任制生产队总数的 98％以上。家庭联产承包责任制的全面确立，虽然没有改变农村土地的所有权性质，但农村土地的使用权和收益权已经全部归农民家庭所有，实现了土地所有权和使用权的分离，农民对农地的使用权和收益权演绎成为农地承包经营权，到 2007 年，《中华人民共和国物权法》把农民土地承包经营权确定为物权性质的财产权利。

从基本经营制度上得以完善和稳定的家庭联产承包责任制激发了农民的热情，随后，中央对于农业工作的改革和指导开始更加关注农业产业结构调整和农产品、农业生产资料流通等领域，在土地使用方面，考虑到促进农业投资、稳定农业发展的需要，1984 年的中央一号文件《关于一九八四年农村工作的通知》提出延长土地承包期，规定土地承包期一般应在 15 年以上。1984 年，全国农业生产获得大丰收，从 1985 年起，农业生产连续徘徊不前，理论界、学术界关于土地制度和家庭联产承包责任制的再讨论也高涨起来（靳相木，2002；刘广栋、程久苗，2007），同时针对家庭联产承包责任制实行过程中出现的土地细碎化、频繁调整等问题，中共中央决定于 1987 年决定建立农村改革试验区，为农村改革投石问路，其中，土地制度探索是重中之重，并成为首选试验项目。先后选定的试验区有贵州湄潭、广东南海、江苏苏南地区、山东平度、北京顺义、湖南怀化、陕西延安等（廖洪乐，1998），许多试验区土地制度改革的成功经验被写入全国法律法规固定下来[①]（Krusekopf，2002）。随后，我国于 1986 年颁布《土地管理法》，并于 1988 年在

① 例如 2002 年颁布的《中华人民共和国农村土地承包法》规定发包方原则上不得收回和调整承包地。这事实上是贵州湄潭在土地制度改革试验中探索的“增人不增地，减人不减地”的经验的法律表达。

《宪法》修正案中规定：土地的使用权可以依照法律的规定转让。对于人们争论的家庭承包经营为主的责任制，1993年《宪法》修正案，将“家庭承包经营”明确写入《宪法》，使其成为一项基本国家经济制度。针对有些地区土地承包期到期的情况，1993年11月中央发布的《关于当前农业和农村经济发展的若干政策与措施》要求：“在原定的承包期到期后，再延长30年不变”。1998年，新修订的《土地管理法》将“土地承包经营期限为30年”的土地政策上升为法律，同年颁布的《中共中央关于农业和农村工作若干重大问题的决定》也强调贯彻“土地承包期再延长30年”的政策，1999年《关于做好1999年农村和农业工作的意见》，继续强调土地承包期延长30年，这些法律法规对于农村坚持土地承包制度，落实第二轮土地承包发挥了重要作用。在稳定土地承包关系的基础上，农民承包土地的流转也受到高度重视，为促进农地流转，2001年的《关于做好农户承包地使用权流转工作的通知》指出，土地流转要在稳定家庭联产承包经营责任制的前提下进行，“依法、自愿、有偿”流转。2002年，《中华人民共和国农村土地承包法》公布，对农村土地承包经营的权利主体、承包方式、期限等等做出了明确规定，这也为稳定农村土地承包关系，保障农户土地承包经营的各项权益提供了法律保障。2008年十七届三中全会《决定》对土地承包和流转的发展也做了规定，“赋予农民更加充分而有保障的土地承包经营权，现有土地承包关系要保持稳定并长久不变”①；“加强

① 在2005年十届人大三次会议时，温家宝总理就提出“农民对土地的生产经营自主权将长期不变，也就是永远不变”。

土地承包经营权流转管理和服务，建立健全土地承包经营权流转市场，按照依法自愿有偿原则，允许农民以转包、出租、互换、转让、股份合作等形式流转土地承包经营权，发展多种形式的适度规模经营。”

家庭联产承包责任制的实施，对农村以及整个社会经济制度产生了深远影响。特别是在制度改革的前几年，取得了令人瞩目的成就，改革后到1984年，农业产出的年均增长幅度超过7%，农村贫困人口（尚未解决温饱）由2.5亿人下降到8 900万人，到2006年前后，已经下降到2 000万人左右。根据林毅夫的模型测算，农地家庭承包制的实施对农业增长的贡献高达到了45%以上。诚然，制度改革的绩效具有一次性释放的特征，到1985年，我国农业生产经历了徘徊，但家庭联产承包责任制以其广泛的适应性，成为我国农业经营的基本制度。而之后一系列有关农村经营体制改革的措施，仍是在家庭联产承包责任制的框架下，对农地产权制度的结构性改进，例如，通过稳定农地使用权、保障农民收益权、保护农地转让权而促进农地资源合理利用和配置效率的提高。

二、农村土地征收制度改革

发展中国家实现工业化、城镇化的过程，伴随着大量农用土地转为非农建设用地。由此也产生了征地[①]问题，征地制度受社会

① 2004年，《土地管理法》将“征用”改为“征收”，事实上，对农业用地的占（征）用，多数为单向的，即以“征收”为主。以下除法律条文引用保持其本来的一致性外，其他统称为“征收”。

经济制度，尤其受土地制度的影响，并与一定的经济社会发展水平密切相关。根据新中国成立以来经济社会发展以及土地制度的变化，结合不同时期土地征收有关法律法规的变迁，并以每阶段的标志性法律法规为起点，在此，将我国农村土地征收制度分为五个阶段，每个阶段之间可能存在一定过渡时期。第一阶段为1949～1958年，是新中国成立从土地改革到农业社会主义改造基本完成时期，农村土地以私有为主；第二阶段为1958～1978年，是人民公社时期，农村土地逐渐转为集体所有；第三阶段为1982～1998年，是计划体制下的征地时期；第四阶段为1999～2004年，为向市场体制过渡时期的征地制度；2004年以来为征地制度开始深刻变革的时期，这一时期也是向更进一步市场化征地的过渡时期。

（一）1949～1958年，以土地私有为主的土地制度下的农地征收

这一时期主要是土地私有制下的土地征收，最早涉及土地征收的法律文件是1950年的《铁路留用土地办法》，《办法》规定铁路因建设关系，需要新增土地时，由路局通过地方政府收买或征购，同年11月，政务院公布《城市郊区土地改革条例》，规定国家为市政建设需要征用私人所有的农业土地时，应给以适当代价，或以相当的国有土地进行调换，国家因市政建设或其他需要须收回由农民耕种的固有土地时，应对有关农民给予适当安置，公平合理地补偿其损失。适应国家建设需要，1953年11月，政务院通过《中央人民政府政务院关于国家建设征用土地办法》，这是该时期的标志性法规，也是新中国第一部关于土地征用的比较完整的法规。该《办法》规定，“被征用土地的补偿费，一般以其最近三年至五年产

量的总值为标准,如另有公地可以调剂,亦须发给被调剂土地的农民以迁移补助费。对被征用土地上的附着物及种植的农作物,按公平合理的代价予以补偿。”另外,对失地农民的安置,《办法》要求,“农民耕种的土地被征用后,当地人民政府必须负责协助解决其继续生产所需之土地或协助其转业,不得使其流离失所。用地单位亦应协同政府劳动部门和工会在条件许可的范围内,尽可能吸收其参加工作。”这一时期,由于土地是私有的,而农地对农民发挥着生活保障和就业保障的功能,因此,征地后,对于农民生活和就业作了统筹安排,维护了失地农民正常的生产和生活状态。

(二) 1958～1978 年,人民公社体制下的农地征收制度

1953 年的《办法》确定的征地是针对土地私有制度下的补偿方式。1956 年,农业社会主义改造基本完成,农村社会进入生产资料公有制程度较高,农民事实上已经丧失土地所有权的时期。《办法》有关规定与土地所有制的现实不相适应,1958 年,国务院公布了经修订的《国家建设征用土地办法》,在征地补偿额度、方式以及农民就业安排上作了规定,与 1953 年《办法》不同的是,征地补偿标准由“最近三年至五年产量的总值”调整为“最近二年至四年产量的总值”,对补偿对象,针对当时土地集体所有和个人私有共存的局面,规定“征用农业生产合作社的土地,土地补偿费或者补助费发给合作社;征用私有的土地,补偿费或者补助费发给所有人。土地上的附着物和农作物,属于农业生产合作社的,补偿费发给合作社;属于私有的,补偿费发给所有人。”与原《办法》类似,修订后的《办法》仍然强调对农民生产就业安置的必要性,并把其作

为政府或用地单位的义务，“对因土地被征用而需要安置的农民，当地乡、镇或者县级人民委员会应该负责尽量就地在农业上予以安置；对在农业上确实无法安置的，当地县级以上人民委员会劳动、民政等部门应该会同用地单位设法就地在其他方面予以安置；对就地在农业上和在其他方面都无法安置的，可以组织移民。组织移民应该由迁出和迁入地区的县级以上人民委员会共同负责。移民经费由用地单位负责支付。”也就说，土地征用必须在保障失地农民的生产和生活有妥善安置的情况下才能进行。直到“文革”前，这一征地《办法》都得到较好的执行。“文革”期间，在以“阶级斗争为纲”、经济发展完全让位于政治生活的条件下，各项立法工作基本处于停顿状态，而人民公社体制下，对生产队土地征用以及平调较为普遍。征地制度的相关法律法规也处于停滞阶段。

（三）1982～1998年，改革后仍实行具有计划经济性质的土地征收制度

1978年以后，随着我国改革开放政策的实施，国民经济建设迅速恢复并开始快速发展，由此造成建设用地的大幅度增长，国家建设征收土地出现了一些新情况。适应经济社会发展与土地征收的新形势，1982年，国务院公布《国家建设征用土地条例》，这也是我国的第三部直接有关征地的法规，相比1958年的《办法》，有了极大的调整。在征地补偿上，规定“征用耕地（包括菜地）的补偿标准，为该耕地年产值的三至六倍”，并且提出年产值按被征用前三年的平均年产量和国家规定的价格计算。需要指出的是，随着经济社会的发展，特别是人口规模的超常规增长，使人均耕地出现较

大幅度下降[①]，人地关系紧张程度加剧，征地后在农业生产上安置劳动力变得困难，《条例》首次提出了安置补助费，其标准最高不超过耕地年产值的10倍。在就业安排上，规定"因征地造成的农业剩余劳动力由县、市土地管理机关组织被征地单位、用地单位和有关单位分别负责安置"，安置的主要途径有：发展农业生产、发展社队工副业生产（即后来的乡镇企业）、迁队或并队、集体所有制企业吸收、用地单位吸收、农转非后招工安置等。可见，《条例》仍表现出典型的计划经济体制的特征。在我国改革初期，经济较快发展时期，特别是第二、第三产业快速发展，对劳动力吸纳量大，被征地农民的就业和生活得到较好保障。1986年我国颁布了第一部《中华人民共和国土地管理法》，在征地有关规定方面，《土地管理法》几乎完全沿用了1982年《条例》的规定。总体来说，这一阶段除提高了补偿标准外，与1958年以来的征地补偿安置制度基本上是一脉相承的，都具有浓厚的计划经济色彩，失地农民得到较好的安置，并且在以户籍制度为重要屏障的"二元"结构下，征地可以成为农民跨越"二元"结构鸿沟的桥梁，因此，一定程度上，农民对征地持欢迎态度。

（四）1999～2004年，逐渐向市场体制过渡的征地制度

改革以来，我国市场体制逐步建立，1992年，"十四大"明确提出在我国建立社会主义市场经济体制。非公有制经济的发展以及

---

① 1949～1982年，农村人口由4.8亿增长到超过8亿，增长超过65%。虽然这一阶段，耕地也是在增加的，即使按照1982年13 500万公顷的乐观估计（估计依据参见第四章），人均耕地由3.03亩下降到2.52亩。

国有企业改革，使政府为征地农民直接安置工作的空间缩小。因此，原来完全计划体制性质的征地制度已经不能适应社会主义市场经济条件下土地征收，尤其是农民就业安置工作的需要。征地制度也面临着以适应市场经济体制为目的的改革。同时，随着人地矛盾的日渐尖锐，出于维护粮食安全、严格保护耕地目的，我国于 1998 年对原《土地管理法》进行了全面的修改，其中征地制度改革也是其中的重要方面。修改后的《土地管理法》于 1999 年实施。对征地补偿问题，新法除提高了补偿倍数外，在补偿费用种类以及计算方式上，与 1982 年的《条例》没有大的差别。对于补偿数额占耕地产值的确定，土地补偿费提高为耕地被征前三年平均年产值的六至十倍。征地的安置补助费，按照需要安置的农业人数计算。需要安置的农业人口数，按照被征用的耕地数量除以征地前被征用单位平均每人占有耕地的数量计算。安置补助费标准，为该耕地被征用前三年平均年产值的四至六倍。但是，每公顷被征用耕地的安置补助费，最高不得超过被征用前三年平均年产值的 15 倍。对土地补偿费和安置补助费的总和最高标准由 1982 年的 20 倍，提高为 30 倍。与 1982 年《条例》以及 1986 年《土地管理法》有重大不同的是，对于失地人员的安置问题，1998 年的《土地管理法》则开始倾向于用市场的方式解决，法律没有提出明确而具体的安置措施，提出“地方各级人民政府应当支持被征地的农村集体经济组织和农民从事开发经营，兴办企业。”这实际上为地方政府推卸失地农民就业安置提供了方便。可见，1998 年的《土地管理法》采取的是计划经济时期的补偿方式和市场经济条件下的就业安置方式。虽然补偿标准提高，但失去就业保障引发了失地农民的强烈不满。

（五）2004年以来，征地开始进一步向市场方式转变

我国自2000年以来，再次进入经济快速增长的时期，2000～2007年，我国经济增长率几乎都在10%以上，年均增长率高达14%。与此伴随的是非农建设用地的快速增加，期间，城镇工矿以及交通设施等用地的年均增长率约为3.7%。大规模的农地转用以及由此造成的失地农民问题较为严重。根据统计，近年来，因征地中的补偿问题造成的上访事件约占全部上访事件的70%。

以2004年10月21日国务院出台的《关于深化改革严格土地管理的决定》（国发【2004】28号）为标志，我国不仅在征地制度改革，而且在土地管理改革方面进入了新的阶段。文件对完善征地补偿安置制度做出了许多新规定，尤其是在失地农民就业安置和社会保障方面，文件的出台迈出了充分考虑和保障失地农民就业的一大步。"28号文"规定"妥善安置被征地农民。县级以上地方人民政府应当制定具体办法，使被征地农民的长远生计有保障。对有稳定收益的项目，农民可以经依法批准的建设用地土地使用权入股。在城市规划区内，当地人民政府应当将因征地而导致无地的农民，纳入城镇就业体系，并建立社会保障制度；在城市规划区外，征收农民集体所有土地时，当地人民政府要在本行政区域内为被征地农民留有必要的耕作土地或安排相应的工作岗位；对不具备基本生产生活条件的无地农民，应当异地移民安置。劳动和社会保障部门要会同有关部门尽快提出建立被征地农民的就业培训和社会保障制度的指导性意见。"随后，国务院以及国土资源管

理部门等又先后出台一系列相关文件。例如，国土资源部出台了《关于完善征地补偿安置制度的指导意见》(【2004】238号)。2006年，《国务院办公厅转发劳动保障部关于做好被征地农民就业培训和社会保障工作指导意见的通知》(国办发【2006】29号)发布，提出："努力促进被征地农民就业……坚持市场导向的就业机制，统筹城乡就业……落实被征地农民就业安置责任，政府要积极开发公益性岗位安置就业困难的被征地农民就业……加强对被征地农民的培训工作……提高被征地农民的就业竞争能力和创业能力。"2006年《国务院关于加强土地调控有关问题的通知》(国发【2006】31号)规定："切实保障被征地农民的长远生计……征地补偿安置必须以确保被征地农民原有生活水平不降低、长远生计有保障为原则。社会保障费用不落实的不得批准征地。"可见，这些文件都对原来被忽视的农民就业和保障问题给予了高度重视，事实上，这也正是造成征地矛盾的根源。2008年，十七届三中全会通过的《中共中央关于推进农村改革发展若干重大问题的决定》更是明确了征地制度改革的方向，《决定》指出："改革征地制度，严格界定公益性和经营性建设用地，逐步缩小征地范围，完善征地补偿机制。依法征收农村集体土地，按照同地同价原则及时足额给农村集体组织和农民合理补偿，解决好被征地农民就业、住房、社会保障……做好被征地农民社会保障，做到先保后征，使被征地农民基本生活长期有保障……逐步建立城乡统一的建设用地市场。"可见，更加市场化方式的征地和建设用地统一市场将成为征地制度改革发展的方向和目标。

第三节　小结

新中国成立以来，以收入差距为度量的城乡关系经历了重大变化，根据各阶段指标结果和作用机制的不同，大致可以分为五个阶段。农村土地制度也经历了重大变化，分别从农地经营制度和农村土地征收制度看：农地经营制度大致也可以分为私有私用（1949～1952）、私有共营（1952～1958）、共有共营（1958～1978）和共有私营（1978～）四个阶段；从农村土地征收制度看，可以划分为1949～1958年针对私有土地为主的征收制度、1958～1978年人民公社体制下的土地征收制度、1982～1998年改革以来仍具有计划经济性质的征地制度、1999～2004年向市场经济过渡的征地制度和2004年以来继续深化的征地制度。

第四章　农地功能演进与土地权利结构关系

一种资源的潜在有用性会随着经济、社会、技术条件的改变而不断被发掘出来，从而使一种资源可能具备多种功能属性，这些不同功能的相对重要性也会随着外在条件的改变而发生变化。资源利用涉及不同主体，而由于不同利益主体的利益目标存在很大差别，导致其对资源功能的偏好有很大不同。随着资源功能的不断发掘，对资源功能的界定最终引发了对资源（资产）产权的重新界定。因此，产权不是绝对的，而可以通过个人（或利益团体）的努力而改变，它是个人努力加以保护、他人企图夺取和政府予以保护程度的函数（巴泽尔，1997）。理论上的产权的均衡状态出现在利益相关者获得资产属性的边际成本等于其享有的权利下能够得到的收益的边际增量，由此也形成了多主体博弈下的最终产权结构和权利组合形式。

农地作为基本的生产资料，基础的功能是农业生产。对农业生产者而言，农业生产是其收入的重要来源；而对整个社会，农业生产则承担保障社会总体维持在一定的粮食安全水平之上的功能。对于发展中国家，发展过程是实现工业化和城镇化的过程，期间对农村经济社会的显著影响就是农业产值比重在国民经济中不断下降，农业税收功能弱化，农业劳动力减少，农村土地大量非农化，农村人口逐步城镇化。由此产生了农村土地的另一个功能，即通过土地的非农化而支持城镇化进程。

根据现代产权理论，完整的产权要求有专有的使用权、自由的转让权和收入（收益）的独享权（科斯等，1994）。因此，农地产权制度也可以看成是农地使用权、转让权和收益权的集合。获取权利的目的在于保障收益，因此，在各种权利关系中，基于某项权利的收益的最终分配状况是分析权利机构的基础。本章在分析农地功能演进的基础上，通过农地利用中各利益主体对农地功能收益的分配情况，解析我国农地利用中的权利结构，并作为量化土地制度要素的基础。

第一节　农地利用中的不同利益主体及其利益诉求

农地利用涉及的利益主体包括农地直接经营者——农民，农地利用（转用）的综合调控者——中央政府，以及农地转用增值收益的分享者——地方政府。三个利益主体在我国所处的不同发展阶段对农地权利有不同的诉求，形成了不同阶段农地权利组合结构。计划经济时期，中央通过自上而下的计划制定和综合调控，控制着农地利用收益分配，决定了农地的权利结构；而改革以来，随着地方政府自主权的扩大，地方政府成为农地利用中的重要利益主体，深刻影响了农地的权利结构的变化（图 4—1）。

从农民角度看，农业利用的利益在于获取收入，尤其是在计划经济时期，可以说，农地是农民获得生存和发展所需收入的唯一基础。即使改革以来，农民收入来源日益多样化后，农民来自农业经营仍是收入的重要组成部分；到2007年，我国农民农业经营和家庭经营收入占纯收入的比重分别约为45%和55%、并且，在农村人口占全国人口的比重仍超过55%、社会保障体系不完善的情况下，农地仍将继续发挥其重要的生存和发展保障功能。

从中央政府角度看，一方面，粮食安全历来受到国家重视，中央政府成为粮食安全目标的实际推动者，保障国家粮食安全也就成为中央政府的任务；另一方面，中央政府致力于促进经济社会发展，推进国家现代化进程，计划经济时期，国家通过控制农村土地，直接提取农业剩余，实施重工业优先发展的"赶超型战略"，特别是通过工农业产品价格"剪刀差"，调配各部门利润和收益；此外，不论在计划经济时期还是改革以来，发展离不开环境的稳定，而作为农村劳动力"蓄水池"的农村土地起到"稳定器"的作用，因此，保障农业生产者的收益和生产发展权一直是中央政府的重要责任。

农地利用中的另一个利益主体是地方政府，在计划经济时期，高度的计划管理控制实际上把地方政府变成了贯彻中央政府意图的中间一环，地方政府在农业生产中的收益包括两方面，一是农业税收，二是通过"政社合一"体制而由农业支持最基层政府性质的人民公社的运转；改革以来，随着地方政府自主权的扩大，地方政府成为农地利用(转用)中重要的利益分享者，并且，地方政府发展地区经济的愿望强烈，其利益的着眼点在于获得宽裕的建设用地，优化地方发展环境，扩建城市，其中，农地转用中的巨大增值收益成为支撑地方发展的重要来源。2007年，全国土地有偿出让成交额超过8 000亿元，扣除开发成本等，地方政府纯收益近3 000亿元。

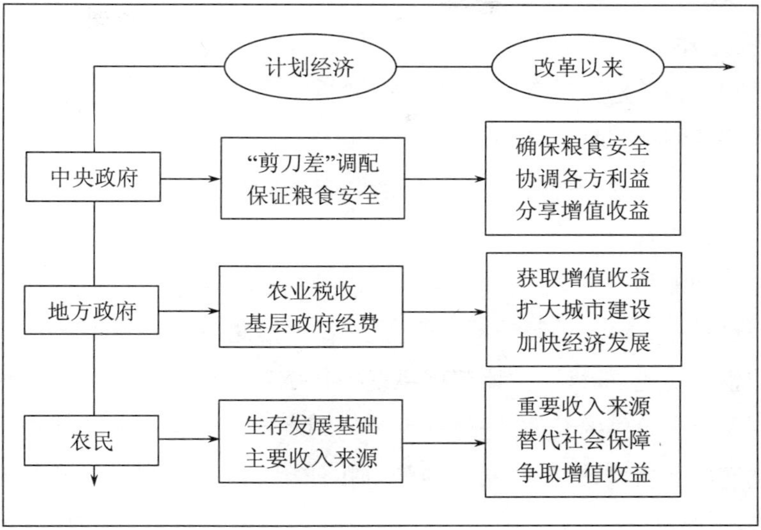

图 4—1　农地利益主体与利益诉求

第二节　农地功能及其实现形式

一、对农地功能的再认识

农地的本体性功能包括生产功能和承载功能，而承载功能可以理解为基于土地多用途性的农用地转为非农建设用地的功能。对于农地的本体性功能，不同的主体有不同的认知特征，并且对土地本体性功能追求的程度和侧重点不同。从这个意义说，一方面，功能是对应于不同的主体而言的；另一方面，不同主体对土地功能的认知和实现都是从土地的本体性功能衍生而来。对同一种资源(资产)的利用可能涉及多个利益主体,资源各利益主体都基于自己的利益偏好而对资源利用施加影响,实现本主体所关注的功能。我国的农地正是这样一种受多个利益主体影响的资源。因此,不同主体对农地利益有不同的功能认知和追求方式。

在对农地功能的界定方面,研究者普遍把农地功能分为社会保障功能和经济生产功能,同时,随着可持续发展理念的深化,人们也日益关注土地利用系统的生态价值,因此,农地也被赋予一定的生态功能,即维持土地利用系统中一定数量的农地有利于土地利用生态价值的发挥。显然,无论强调农地的社会保障功能还是强调经济功能,这都是从农地的直接使用者——农民——角度而言的,事实上,从新中国建立以来,我国农村土地制度的变革,从土地改革、集体化到家庭联产承包责任制,无一不体现了国家意志,无一不为国家发展战略服务。因此,农地利用的受益者不仅仅是直接利用农地的农民,也有作为宏观管理和调控者的国家,即国家创造和保护产权,而其保护产权所需的花费归根到底来自产权,因此,国家在保护产权的同时也在分享产权。另外,地方政府作为中央政策的贯彻执行者,也承担农地利用管理的任务,有其自身的利益目标。国家(中央政府)、地方政府、农民构成了农地利用中的三大利益主体,三个利益主体基于其各自的利益诉求,形成了农地利用中的不同功能表达和独特实现方式。

前述的不同利益主体的利益诉求正是基于主体对农地功能的认识。简言之,对农民,农地功能主要功能是获得收入,也可以分解为生产、保障、获得财产性收入等;对中央政府,农地功能是保障国家粮食安全保证发展的稳定环境，并对农地利用利益各方进行宏观调控达到政策目标；对地方政府，特别是在分税制改革财政分权体制下，地方政府的职责由提供公共服务到为公共服务融资后，地方政府目标在于推动地方经济发展，增加财政收入，在地方政府看来，农地也应服务于这一目标，因此，地方政府追求的农地功能就是为本区域提供尽可能多的税收，这种税收不仅仅是农业税，更主要的是农地转用所带来的其他形式的收益。

二、农地收益分配与利益相关方的农地功能实现

农地本体性功能的发挥带来农地收益。利益各方所关注的农地不同功能得以实现，正是基于农地收益在利益主体间的分配方式。在农地本体性功能的基础上，把农地收益定义为两个方面：一是农地生产的农产品价值；二是农地转用后的增值收益。另外，农地利用的生态效益则作为正的外部性予以考虑，这通常是中央政府考虑的方面。

（一）中央政府的农地收益分配变化及实现形式

中央政府在农地利用中的利益包括保证国家粮食安全、根据不同发展阶段调整国民经济各部门间的利益分配、分享农地转用中的土地增值收益以及保护农用地带来的生态效益。

1. 以人均粮食占有量表征的国家粮食安全

立足国内、实现粮食供求基本平衡、保证粮食安全，是中国粮食战略的基本方针。自从中华人民共和国成立之后，解决人口大

国的粮食问题就始终是中国政府高度重视的大事。虽然食物需求具有多样性和替代性，但粮食是食物需求的根本，因此，以人均粮食占有水平表示粮食安全水平。考虑到粮食生产的周期性和相对不确定性，粮食消费既受到上年粮食产量也影响，也受到预期粮食产量的影响，因此，分别考虑当年人均粮食占有量和周期为 3 年的移动平均计算的人均粮食占有量(图 4—2)。

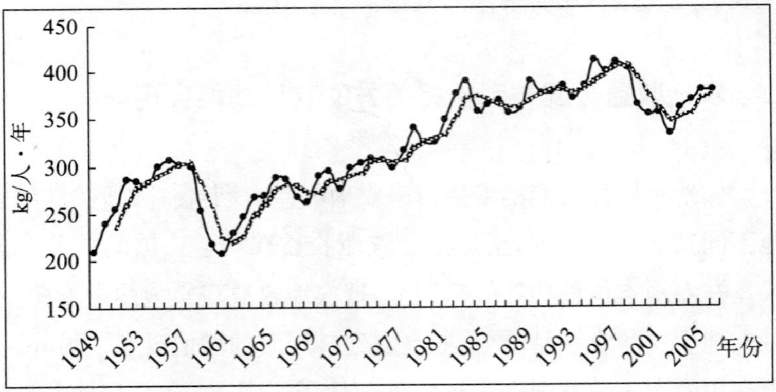

图 4—2　我国人均粮食占有量变动

但直到改革开放前，人均粮食占有水平一直在 200～300kg/人·年，除 1949 年到 1958 年前后，以人均粮食占有水平为主要表征的农业发展呈现稳步提升的态势。但自 1958 年直至 1978 年前后，人均粮食占有水平一直处于波动中。1975 年以后，人均粮食占有水平才达到并略微超过历史最高水平。到 1978 年，全国农村还有 2.5 亿人没有解决温饱问题。开启中国改革序幕的农村改革为农业发展注入了活力。自 1983 年以后，我国人均粮食占有水平基本都维持在360kg/人·年的水平，1998年前后更是突破400kg/人·年，自此，我国基本告别了食品短缺的历史时代，农业发展进入总量有余、阶段性农产品供大于求的阶段。出现这一状况与我国自1995年开始实施的粮食“省长负责制”这一行政性手段有较大关系，但粮食增收后因为食物需求的低收入弹性而导致出现严重的增产不增收问题。随后，农业生产伴随着结构调整过程而出现粮食大幅的滑坡，从2001年开始，粮食人均占有水平连续多年低于360kg/人·年，到2003年甚至一度跌至330kg/人·年，连年较低的粮食生产水平再度引发对国家粮食安全的担忧，自2004年起，开始试点推行粮食直接补贴和农业税减免政策，粮食直接补贴政策，将流通环节的补贴调为直接补贴，许多农民从中直接受益。而2006年全国范围内免除农业税。这一方面是支农惠农，为弱质农业提供支持，在利益分配上关注农民，维护农民利益的政策；另一方面，这也根本改变了以往国家应对粮食问题中以行政指令为主的模式，转而采用经济手段和较为市场化的购买方式。政策实施取得了良好的效果，2004～2008年，人均粮食占有量由360kg/人·年的水平增加到近400kg/人·年，我国粮食总产也在2008年创造了新的纪录。

根据相关统计资料，2004～2008年，国家用于粮食直补的资金由116亿元增加到638亿元，五年累计补贴资金达到1 179亿元，加上农资综合补贴，五年累计补贴总额达到1 694.3亿元。并且，自2006年开始，全国范围免除农业税，每年使农民直接受惠300多亿元。粮食直补、综合直补、免除农业税，既是增加农民收入的重要来源，也可以说是国家“购买”粮食安全的代价。

2. 以剪刀差为主要方式的部门利益调配

新中国成立之初，中国工业基础极为薄弱，1949年，全国重工业产值占工农业总产值中的比值不足8%（林毅夫等，1999）。从迅速改变经济落后面貌的良好初衷出发，并且限于当时的国际政治经济环境，经过三年的经济恢复时期后，我国采取了重工业优先发展的赶超战略。在资本严重缺乏、农业占国民经济主体地位的情况下，通过工农业价格剪刀差提取农业剩余完成工业发展的原始积累成为必然之选（林毅夫、余淼杰，2008）。与国家方便快速地提取农业剩余相适应的农业生产管理体制即为人民公社制度，人民公社作为政府在基层的代言人，直接参与农业生产、分配的全过程，这一农业生产组织方式大大缩减了国家面对单个农户征税的巨大成本。以农业生产组织上的人民公社制度为组织基础，以价格管制中的农产品价格剪刀差和农业税收为主要手段，国家把农业剩余转移到工业部门，分享了农地收益。虽然改革开放后，在农业经营制度上，家庭联产承包责任制代替了人民公社制度，但工农业产品价格剪刀差直到1990年还存在。

众多学者估算了新中国成立以来到市场化改革全面开始价格管制放开后的价格剪刀差，在此，引用韩兆洲(1993)估算的1952～1990年工农业产品价格剪刀差总额，并计算剪刀差额占第一产业增加值的比重（图4—3）。1952～1990年，工农业产品价格剪刀差绝对额呈现上升的趋势（近40年间，剪刀差总额超过1万亿元），而其占第一产业增加值的比重则呈现先扩大后减小的趋势。在1958～1960年前后，随着人民公社制度的全面确立，工农业价格剪刀差占第一产业增加值的比重一度达到90%，随后又经历了逐渐下降的态势，但在改革开放前，该值基本在 30%以上。到 1990 年，随着市场化改革的不断推进，工农业产品价格剪刀差绝对数占第一产业增加值的比重已经下降到 5%左右，价格剪刀差逐步趋于消除。

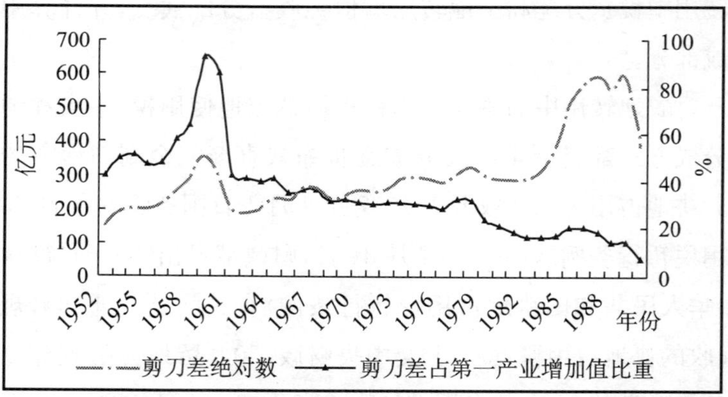

图 4—3　1952～1990 年工农业产品剪刀差总额及占第一产业增加值比重变动

3. 分享农地转用的增值收益

国家分享农地转用增值收益主要体现在两个方面：第一，在计划经济时期，通过低价征收农村土地，无偿、无限期提供给国有经济各部门使用，节省了相关经济部门的资本支出，间接为城市和工业提供了资金，为城市工业部门在较短时期内实现原始积累提供了条件；第二，土地有偿使用制度建立后，政府则通过垄断土地一级市场、低价征收农村土地、按市场价格高价出让的方式，直接参与分享农地增值收益。土地增值收益在中央和地方政府之间进行分配，此外，在农用地转用以及出让过程中，政府还收取耕地占用税和城镇土地使用税等①。

自改革开放以后，我国逐步确立土地有偿使用制度，土地转用中的相关收益成为中央和地方政府界定的焦点。以下分别说明土地转用中税费分配和土地转用增值纯收益分配演变，并计算中央分成部分。

对农地转用中的耕地占用税和城镇土地使用税，中央和地方的分成方式都经历了中央分成逐步缩减直至完全划归地方的阶段。耕地占用税的征收源于1987年4月1日国务院发布的《耕地占用税暂行条例》，1987年4月21日，财政部发出《关于贯彻执行〈中华人民共和国耕地占用税暂行条例〉有关问题的通知》，规定“征收的耕地占用税50％上交中央财政，50％留地方财政建立耕地复垦改良基金，专款专用。”1989年2月21日国务院发出《关于切实做好耕地占用税征收工作的通知》，规定“从1989年1月1日起，耕地占用税收入中央与地方的分成比例，由原来的对半分成调整为‘倒三七’比例分成，即：中央30％，地方70％。”城镇土地使用税的征收则源于1988年9月27日国务院发布的《城镇土地使用税暂行条例》，1988年11月9日，财政部颁布了《关于“印花税”“城镇土地使用税”有关预算管理问题的补充规定的通知》，规定“‘印花税’和‘城镇土地使用税’，中央与地方均暂实行五五分成，即两税收入50％列入中央预算收入，50％作为地方预算固定收

---

① 实际上，收取的费用还包括耕地开垦费、管理费等等。在此，仅计算有统一规定的有关税收。

入。”自 1994 年开始实行的《国务院关于实行分税制财政管理体制的决定》则将耕地占用税和城镇土地使用税完全划归地方。

对土地有偿出让收入的分成则经历了更为复杂的过程，我国自 1987 年开始探索城市土地有偿使用制度，到 1989 年国务院出台《关于加强国有土地使用权有偿出让收入管理的通知》。1989～1998 年，对土地有偿使用制度建立后产生的土地增值收益的分配，中央与地方政府分享比例调整了七次，持续时间最短的不到两个月，最长的也不超过四年。这一过程中，对土地有偿出让收入的称谓也在发生变化，1988 年《中华人民共和国城镇土地使用税暂行条例》颁布，将之前收取的土地使用费改为土地使用税。1989 年，国务院出台的《通知》中，将土地收益称为“国有土地使用权有偿出让收入”，具体包括：土地出让金、续期土地出让金、合同改约补偿金，出让收入扣除“土地出让业务费后”，全部上缴财政，并按比例分成，具体分成方式见下文。1992 年，财政部出台《关于国有土地使用权有偿使用收入征收管理的暂行办法》指出，国有土地使用权有偿使用收入包括：土地出让金和土地收益金（土地增值费）。在中央和地方间的分配的对象都是指土地有偿使用收入。但对土地收益的数额因地方瞒报、少报而缺少准确的数据。为严格征收土地增值收益，控制地方政府用地冲动，1998 年，《土地管理法》修改颁布后，将中央和地方分配的土地收益称为“新增建设用地有偿使用费”①，并依据全国城镇土地分等和城镇土地级别、基准地价水平、各地人均耕地状况和社会经济发展水平制定了定额式的收

① 新增建设用地土地有偿使用费指新增建设用地的平均土地纯收益。

费标准，全国城市以及城镇被划分为15个等别，对应征收相应额度的有偿使用费。2006年，财政部、国土资源部、中国人民银行联合印发的《关于调整新增建设用地土地有偿使用费政策等问题的通知》要求，从2007年起，新增建设用地土地有偿使用费标准将在原基础上提高一倍。因此，可以认为“新增建设用地有偿使用费”这一概念提出后，实际指的是土地增值纯收益中用于在中央和地方间重新分配部分。根据估算，标准调整后，2007年中央和地方实际收缴的新增建设用地土地有偿使用费将提高一倍，达429亿元，占全国新增建设用地出让纯收益的56%①。据此，假定1999年以来，在原征收标准下，新增建设用地有偿使用费占土地纯收益的比重为25%～30%。另外，根据计算国土资源年鉴数据，2004～2006年三年间土地纯收益价款占土地出让总价款的比例为36%。据此估算新增建设用地有偿使用费占土地总价款的比例约为9%～12%(36%×(25%～30%))。

在土地有偿出让收入(1999年，统一称为“新增建设用地有偿使用费”)的分成上，中央和地方所占的比例变化经历了如下过程：1989年5月21日～1989年7月1日，中央40%，地方60%；1989年7月1日～1990年9月26日，城市财政部门先留下20%作为开发建设费用，其余部分中央40%，地方60%，中央实际所得约为土地出让收入的32%；1990年9月26日～1992年9月21日，地方上交中央出让收入后，中央分批酌情返还，返还比例为85%～99%，也就是

---

① 根据甘藏春的估算数据计算整理，引自 http://gov.finance.sina.com.cn/changfang/2006-09-18/1176.html。

说，中央实际分成比例大约为3%；1992年9月21日～1993年12月15日，中央分成约为5%；1993年12月15日～1997年4月14日，土地有偿出让使用全部划归地方；1997年4月15日～1998年8月29日，农地转为非农建设用地的土地收益全部上缴中央；1998年8月29日以后，新增建设用地土地有偿使用费，中央分成30%，地方70%（张清勇，2008）。

根据以上分成比例，计算1987～2006年中央在耕地占用税、城镇土地使用税、土地有偿出让方面获得的总收入（表4—1）。对土地有偿出让收入的分配，假定在1999年新的《土地管理法》实施前，土地出让纯收益能够占到土地出让总价款的40%，并且中央能够对全部土地有偿出让纯收入进行分成（事实上，由于地方的少报和瞒报，大量土地收益游离在分成总量范围外）；1999～2006年间，中央参与分成的部分确定为“新增建设用地有偿使用费”后，新增建设用地有偿使用费按照12%的份额（实际执行中，份额低于该水平）；对这一份额，按照规定中央分成的比例为30%，也就是说，中央实际分成的土地收益占土地出让总价款的比例应在4%以下，计算中按照4%计算。

表4—1　农地转用中中央政府土地收入估算　单位：亿元

年份	城镇土地使用税			耕地占用税			土地有偿收入纯收益*			中央土地总收入
	总量	分成比	中央	总量	分成比	中央	出让	分成比	中央	
1987				1.40	50%	0.70	0.14			0.70
1988				21.16	50%	10.58	1.66			10.58

续表

年份	城镇土地使用税			耕地占用税			土地有偿收入纯收益*			中央土地总收入
	总量	分成比	中央	总量	分成比	中央	出让	分成比	中央	
1989	25.00	50%	12.25	16.93	30%	5.08	1.79	40%	0.72	18.05
1990	25.00	50%	12.25	14.57	30%	4.37	4.21	32%	1.35	17.97
1991	31.65	50%	15.91	17.86	30%	5.36	4.55	3%	0.14	21.41
1992	30.40	50%	15.25	29.22	30%	8.77	210.00	3%	6.30	30.32
1993	30.24	50%	15.1	29.35	30%	8.81	223.12	5%	11.16	35.07
1994	32.51	0	0	36.47	0	0	255.60	0	0.00	0.00
1995	33.58	0	0	34.54	0	0	155.08	0	0.00	0.00
1996	39.33	0	0	31.20	0	0	139.64	0	0.00	0.00
1997	44.05	0	0	32.49	0	0	184.84	100%	184.84	184.84
1998	54.09	0	0	33.35	0	0	203.08	30%	60.92	60.92
1999	59.06	0	0	33.03	0	0	62.61	30%	18.78	18.78
2000	64.67	0	0	35.32	0	0	75.00	30%	22.50	22.50
2001	66.15	0	0	38.33	0	0	158.17	30%	47.45	47.45
2002	76.83	0	0	57.34	0	0	294.52	30%	88.35	88.35
2003	91.57	0	0	39.90	0	0	684.70	30%	205.41	205.41
2004	106.23	0	0	120.09	0	0	775.04	30%	232.51	232.51
2005	137.34	0	0	141.85	0	0	713.00	30%	213.90	213.90
2006	176.81	0	0	171.12	0	0	973.09	30%	291.93	291.93
2007	385.49	0	0	185.04	0	0				

注：* 土地有偿出让纯收益按土地出让价款的一定比例计算，比例数值见上文说明。

4. 农用地保护带来的农地利用生态效益

随着经济的发展，城市规模不断扩大，建设用地占用农用地成为世界范围内的普遍问题，这也导致了环境的恶化和农地的流失。为遏制环境退化和农地过度减少，对土地用途实施管制是世界发达国家和地区普遍采用的土地管理制度(刘书楷，1998；汪秀莲、张建平，2001)，土地用途管制制度是政府为纠正“市场失灵”而对具有外部性的活动实行的管制，其中，对农地用途区的特殊保护和对农地转用的严格限制都是土地用途管制突出强调的方面。这主要基于农业在土地利用竞争中的弱势地位、农地在保障食物安全中的重要作用以及农地利用正的生态外部性。

1998 年，修改后的《土地管理法》确立了以土地用途管制制度为核心的农用地保护特别是耕地保护制度，逐步形成了包括土地用途管制制度、基本农田保护制度、耕地总量动态平衡制度、耕地占补平衡制度、农用地转用审批制度、土地开发复垦整理制度、耕地保护目标责任制等为主要内容的农用地保护政策体系，对于控制建设用地占用农用地，发挥了重要作用。根据 1996～2006 年国土资源公报，1996～2005 年，全国耕地总面积由 13 003.9 万公顷减少到 12 208.3 万公顷，减少 795.6 万公顷；同期，农用地由 63 373.6万公顷减少到 63 151.4 万公顷，减少 222.2 万公顷[①]。农用地减少面积大大低于耕地减少面积，主要是由于生态退耕，仅

① 农用地仅包括耕地、园地、林地、牧草地。2002～2005 年，我国土地利用分类较之以前有所变化，农用地中除包括上述四类土地外，还包括其他农用地(如农村道路、坑塘水面、设施农业等)，为保持前后一致性，将 2002～2005 年其他农用地从农用地大类中扣除。

2000～2004 年五年间，生态退耕占用耕地面积就达到 575 万公顷，而生态退耕有利于改善生态环境，并且这种用地转换是可逆的，不会对土地的农业生产能力造成不利影响。

维持一定数量的农用地，既是国家食物安全的基础，也是保持良好生态环境的基础。特别是农用地中的林地和牧草地，都是重要的生态用地。我国最严格的耕地保护制度和农用地转用审批制度在耕地和农用地保护中发挥了重要作用。2007 年，十七届三中全会进一步提出了在土地管理中落实两个最严格的制度：一是落实最严格的耕地保护制度，坚守 18 亿亩耕地红线；二是落实最严格的节约用地制度，从严控制城乡建设用地规模，这更加有利于控制建设用地总量，保护耕地和农用地，从而更好实现农地利用的生产效益和生态效益。

（二）地方政府的农地收益分配

地方政府在农地利用中的收益也可以分为两部分：一是针对农业生产征收的税费；二是农地转用中的增值收益分配，增值收益分配与中央政府共享。

1. 农业税费

农业生产的税费，长期以来都属于地方政府收入。自 1986 年以来，契税和耕地占用税都被纳入农业税中，而自 1988 年开始征收农业特产税后，农业税实际包含了四部分：农牧业税、契税、农业特产税和耕地占用税。在此，把契税和耕地占用税分离出来，把耕地占用税作为农地转用中的政府收益部分。农业费指村提留、乡统筹以及其他农业收费。1950 年以来，农业税（不包括契税和耕地占用税）占我国全部税收的比重逐步下降（图 4—4），特别是自 2006 年全国免除农业税以来[①]，农业税收占全国税收的比重仅为 0.1%左右。

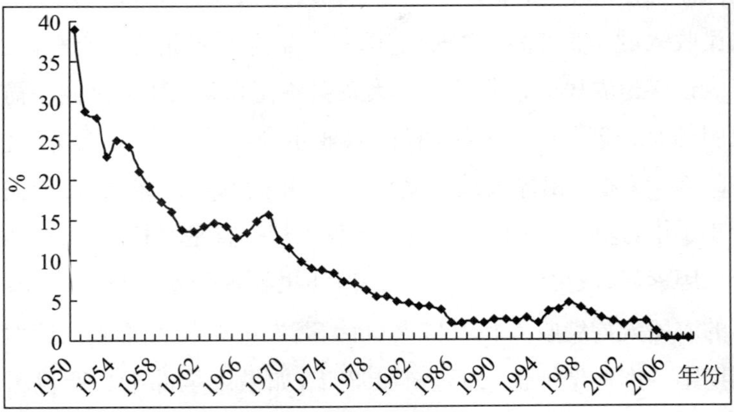

图 4—4　1950～2007 年农业税收占全部税收比重变化

虽然农业税收占全国税收的比重持续下降，特别是改革开放以来，从农业税额看，农业税并不是地方税收收入的重要来源，但地方政府通过收取农业费，从农业生产中获得较大收益，特别是在第二、第三产业不发达的地区，农业收费成为基层政府运转的重要财源，对于农业收费，由于缺乏连贯和统计资料，我们仅能从理论上估算农业各项收费总量。估算公式如下：

$$AF = AV - AI \times AP$$

其中，AF 为农业总税负，AV 为第一产业增加值，AI 和 AP 分别为农民人均农业性收入和农村人口，其中农业总税负包括农业税

① 但农业特产税仍未全部免除，2007 年，农业特产税为 47.8 亿元。

和农业各费。

改革开放前，在第二、第三产业不发达，并且农民流动受到严格限制的情况下，除部分非借贷性收入外，农业生产收入几乎成为农民收入的全部来源，根据《建国三十年全国农业统计资料》几个代表性年份农民非借贷性收入大致保持在8.5～11元之间。需要说明的是，1959～1961年，我国农业生产经历了严重挫折，直到1964年，农业产出才大致恢复到1958年的水平。然而，在相关统计年鉴中，这些年份的农民人均纯收入却一直是增长的，虽然扣除价格因素后，农民收入有所下降，但如果就现价看，以统计年鉴给出的农民人均纯收入和农村人口计算，农民总收入的值也远大于同期第一产业增加值，1959～1963年，如果以全部第一产业增加值除以农村人口作为农民来自农业的收入，该收入与对应年份农民人均纯收入的差值高达15～25元，也就是说，农民来自其他方面的收入应该达到15～25元左右的水平，但比较《建国三十年全国农业统计资料》给出的1958年和1965年前后农民非借贷性收入的情况，1956年为10.43元，1957年为8.09元，1965年为10.74元；并且《资料》也给出了1962年和1963年农民非借贷性收入8.64元和11.08元的结果，显然，这一结果与15～25元的结果相差还大。由此，推断可能是这一时期，农民纯收入数据被高估，但无论如何，在农业生产严重滑坡的情况下，为保证农村社会的稳定，保证农民最基本的生存需求，不太可能再征收额外的农业费用。为此，我们也假定1959～1963年农业生产严重滑坡的这一时期，国家除农业税外的其他农业收费为0。不仅如此，如果我们接受这一时期农民纯收入的数据，农民应该从政府得到了额外的补贴，以维持生存[①]。

改革开放后，农民收入中来自非农产业的份额越来越大，根据1981～2008年统计年鉴，分别以农业生产性收入（1978～1992年）、农民来自第一产业的收入（1993～2002年）和农民来自农林牧渔业的收入（2003～2007年）作为农民农业生产性收入[②]，计算得到1952～2007年农业收费情况。另外，我国农业自1998年后进入新的发展阶段，即农产品进入买方市场，出现供大于求的情况，农业结构调整和农业产业化经营成为农业发展的新方向。因此，这一时期之后由农业企业创造的增加值应该是持续扩大的，也就是说第一产业增加值中不仅包含农民创造的价值，也包含农业企业创造的价值。如果仍然以第一产业增加值扣除农民来自农业的收入以及农业税作为农民缴纳的农业费用，则结果被高估了。假定1998年的较高的农业税费总水平维持到2003年，我国农业生产以及农业支持政策开始出现拐点的年份，即2003年，我国粮食产量跌至低点，自2004年开始，我国开始实行粮食直补和各类综合直补，农民负担开始进入下降的区间。计算得到1952～2003年农民农业税负总水平，另外，给出农业税额（正税和附加）的名义水平（图4—5）。比较两者，农业税负总水平大于农业税额名义水平的部分

---

① 除1959～1963年这一时期外，对1952～1978年其他年份农业收费的估算，采取了接受1956年、1957年、1964年、1965年农民非借贷收入的统计结果，把其他收入作为农民来自农业的份额以及接受1978年来自农业收入的份额的统计结果。在固定几个时间点后，在几个时间段内，假定农民来自农业收入的份额按照等增长率变化，计算出农民来自农业收入的份额。

② 不同年份统计年鉴给出的三项收入虽然不完全一致，但大致能够反映农民农业生产性收入。

即是地方基层政府从农业征收的额外的费用，出现 1959～1964 年农业税额名义水平大于总水平的原因参见上文解释。对这一时期农民负担总水平的估计可以以农业税额的实际水平代替。

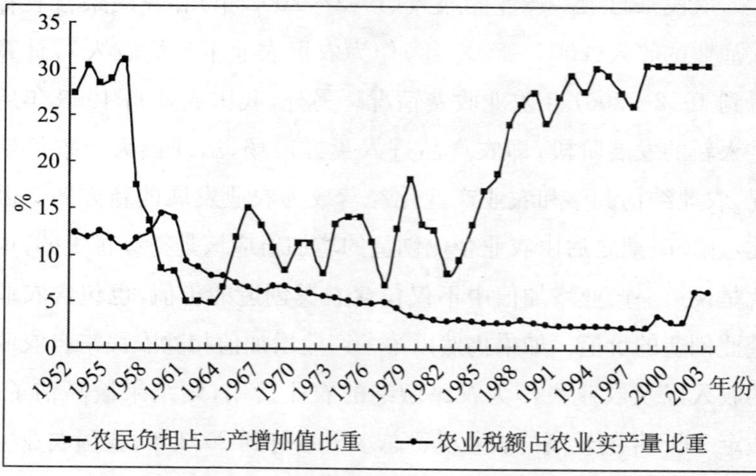

图 4—5　农业税负总水平与农业税名义水平比较

2. 农地转用中的地方政府收益

地方政府除以低价方式获得建设用地，为地方经济发展间接提供了资本外，还通过收入耕地占用税、城镇土地使用税和取得土地出让纯收益（土地出让金中扣除开发成本和征收环节的费用）等获得收益。根据王小映等（2006）的估计，仅仅在土地征收环节政府收取的税费①就基本与农民获得的征地补偿费用相当。在此，

① 耕地占用税、耕地开垦费、管理费等。

只考虑地方政府在农地转用中收益最大的份额——土地出让纯收益，根据对土地有偿出让纯收益占土地出让金总额的比重的计算，假定土地出让纯收益占土地出让金总额的40%，扣除中央分成部分，地方政府获得的收益以及土地有偿使用(包括出让和出租等收入)收益金总额的变动趋势如图4—6。自1980年代末期，我国初步建立土地有偿使用制度以来，地方政府从土地有偿出让中获得土地出让金和土地纯收益逐年提高，到1990年代初期，土地有偿出让收入总收入已经超过500亿元，到2007年，土地有偿出让总收入已经接近10 000亿元；土地出让纯收益也由1999年中央和地方政府分成比例固定后200亿元左右增加到2006年的近3 000亿元。

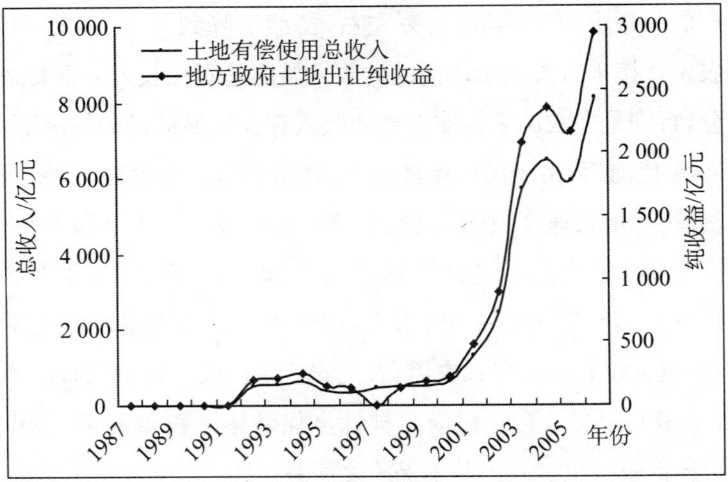

图4—6　地方政府在农地转用中获取的土地出让金以及出让纯收益总额

（三）农民的农地收益

农民来自农地收益包括直接从事农业生产的收入、以农地使用权为基础的农业补贴等转移性和使用权流转收入、土地征收中的补偿。

1. 农业生产直接收入

直接从事农业生产获得的收入一直是农民收入的重要来源，根据估算，1956 年，农民来自农业的收入约为 85%，到 1965 年，则有近 90%的收入来自农业生产，虽然改革开放后，随着城镇化、工业化的发展以及对农民流动限制的逐步放松，农民来自非农业收入的比重不断增大，来自农业的收入不断下降，农民收入来自农业生产的份额由 1978 年的 85%左右，持续下降到 2007 年的 40%。但农民直接来自农业生产活动的收入始终是农民收入的重要组成部分，特别是在农民来自非农产业收入存在明显波动的情况下，如 1990 年代前后，由于国民经济的“治理整顿”，经济紧缩，乡镇企业投资减少，增长速度放慢，根据乡镇企业年鉴，1989 年和 1990 年乡镇企业分别比上年减少了 19.5 万个和 18.2 万个，从业人员分别减少了 178.7 万人和 102 万人，由于乡镇企业大量停产或半停产，乡镇企业职工又回到农田，农民农业生产收入比重又有所增加（图 4—7）。另外，在农村尚未被社会保障体系覆盖的情况下，农业生产性收入也是农民基本保障之所系。

2. 以农地使用权为基础的其他收入

农民收入可以分为三个部分：家庭经营收入、工资性收入以及转移性和财产性收入。家庭经营收入中，虽然随着农村第二、第三产业的发展，家庭经营中的来自建筑业、交通运输以及批发零售等第二、第三产业的收入有所增加，但农业收入（农林牧渔）仍然是农民家庭经营收入的主体，农业收入直接基于农民获得的农地的承包经营权。工资性收入主要得益于我国城镇化及1990年代前后乡镇企业的快速发展，工资性收入日益成为农民收入的重要组成部分，工资性收入的获得主要基于农民的劳动力供给，是劳动力的报酬。转移性和财产性收入则主要源于农民个人所拥有的财产带来的收入以及国家转移支付收入。

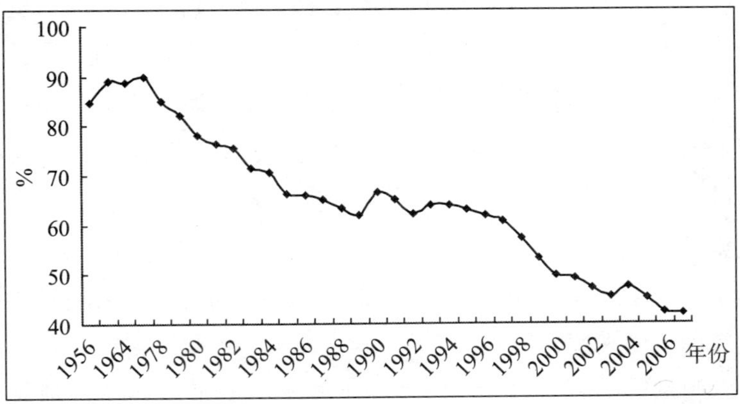

图4—7　1956～2007年农民来自农业生产收入比重变化

转移性和财产性收入中很大一部分源自于农民拥有的农地使用权。在农村，土地是农民极为重要的财产，特别是允许承包经营权流转后，土地流转收入成为农民重要的财产性收入来源。目前尚缺乏对农民收入中来自土地流转的份额的全面研究，但根据美国农村发展研究所2008年的一次调查估算，2008年，中国每亩土地年租金的价值约合303元，比2005年172每亩的价格提高了几乎一倍，而土地转让合同期限有15%在三年以上，比2001年的6%有了很大提高，出现这一趋势的很重要的一个原因在于农民的土地使用权有了可靠的保证，而地权稳定相应提高了农地的价值。就农民来自转移支付的收入看，除国家对贫困地区的开发性、扶贫性转移支付外，众多对农村的转移支付项目通常以农村人口或占有的土地数量为依据，例如，自2004年开始的粮食直补，在具体操作过程中，多数仍以农民承包经营土地数量作为补贴额度的依据。2000～2007年，农民财产性收入和转移性收入占纯收入的比重由分别由2.6%和3.5%增长到3.1%和5.4%。转移性收入增长速度远超过其他项目收入增长速度。其中，自2004年开始的粮食直补和自2005年开始的农业生产综合直补额度逐年增大，占农民收入的比重也在持续增加，根据有关数据，2004～2008年，农民人均获得的补助收入占其纯收入的比重由0.52%逐渐增加到2007年的1.42%，到2008年，则增加到2.3%，各类补贴成为农民转移性收入的重要来源。

根据1978～2007年农民转移性和财产性收入占全部纯收入的比重变化，在农村改革初期，由于集体组织分配收入在农民收入中仍占有重要地位。因此，农民转移性收入比重较高，之后，随着集体组织统一分配体系的逐步解体，农民转移性收入比重下降。而从1998年开始实施和落实二轮承包以及鼓励农民土地流转的相关政策措施，增加了农民来自土地的财产性收入，而2004年以来，随着农业补贴力度的加大，农民转移性收入大幅度增加，可以看出，2004～2007年是近年来农民财产性和转移性收入比重增幅最大的几年（图4—8）。

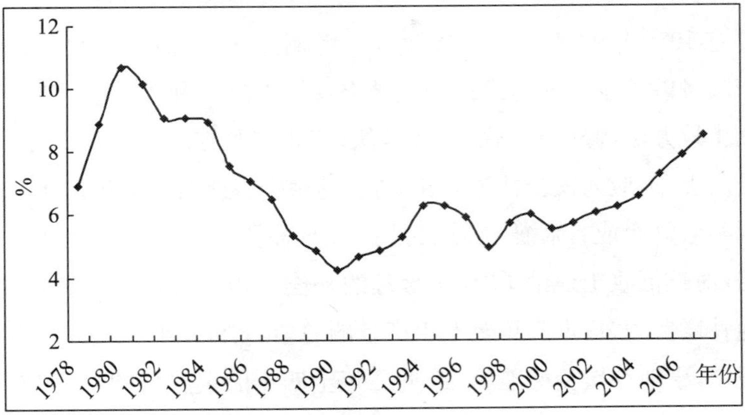

图4—8　转移和财产性收入占农民纯收入比重变动情况

3. 农地征收补偿①

农地的双重功能及对不同主体的重要性，要求妥善处理征地过程中农民与政府的关系。对农民而言，土地不仅是农业生产的资源基础，而且是重要的资产。改革开放前到改革以来，农地对农民而言也日益由资源而变为资产，成为农民获得补偿和长远保障的基础。

① 土地征收补偿通常在农民家庭（个人）和农村集体之间分配，由于按照法律规定，农村集体是农民的自治组织，因此，如果严格按照法律法规规定，农村集体所得是农民共有的部分；此处所指的农民获得的农地补偿事实上包括农民家庭（个人）所得和农民集体所得。

第三章中对农地征收制度进行了回顾，在此，简要回顾有关补偿的变化情况。在改革开放前的很长时期内，农地对农民的功能主要体现在其资源属性上，这一时期，有关土地征收的法律法规主要有 1950 年的《城市郊区土地改革条例》、1953 年的《中央人民政府政务院关于国家建设征用土地办法》和 1958 年的《国家建设征用土地办法(修正)》，后一个《办法(修正)》是在 1953 年《办法》基础之上，适应人民公社体制建立，农地由个人所有变为集体所有的现实修订而成。对征地后农民获得的补偿：1950 年的《条例》规定，对被征收土地给予"公平合理的补偿"；1953 年《办法》指出，土地补偿费为"最近三年至五年产量的总值"；1958 年《办法(修正)》规定，土地补偿费标准为"最近二年至四年的定产量的总值"。另外，三项法规中都强调了对调补偿，即以地换地的方式；对无法调换的，1953 年和 1958 年《办法》都要求用地单位和政府要解决失地劳动力就业问题。

改革开放后，适应新形势变化，1982 年颁布了《国家建设征用土地条例》成为 1998 年《土地管理法》颁布前，农民农地征收后补偿的主要依据。该《条例》规定，征用耕地(包括菜地)的补偿标准，为该耕地年产值的 3～6 倍，安置补助费标准该耕地年产值的 2～3 倍，最高不得超过其年产值的 10 倍，并且限定了土地补偿费和安置补助费的总和不得超过被征土地年产值的 20 倍，耕地产值按被征用前三年平均产值计算。1998 年颁布的《土地管理法》，对土地补偿费、安置补助费标准变更为 6～10 倍、4～6 倍且最高不超过 15 倍，并且土地补偿和安置补助费总和不超过土地被征用前三年平均年产值的 30 倍。1982 年《条例》以及 1986 年《土地管理法》仍强调政府和用地单位对失地农民安置问题。而在1998年以来，在提高了总体补偿标准后，政府和用地单位的这一责任和义务被弱化。

针对失地农民补偿不高、就业困难等引发的问题，2004年后一系列文件指出要“妥善安置被征地农民。县级以上地方人民政府应当制定具体办法，使被征地农民的长远生计有保障”、“努力促进被征地农民就业”、“切实保障被征地农民的长远生计”、“解决好被征地农民就业、住房、社会保障……做好被征地农民社会保障，做到先保后征，使被征地农民基本生活长期有保障。”这一系列规定将有助于解决失地农民长远就业与保障问题，使失地农民获得隐性补偿大大提高。

第三节　农地功能演进、农地收益分配与农地权利结构分析

农地功能在不同发展阶段对不同利益主体表现为不同的形式，各利益主体在农地利用中实现各自追求的利益。在实现农地功能的过程中，对不同主体农地权利的界定成为决定农地收益分配的基础，而收益分配则是农地权利结构的体现。

一、农地功能演进过程

我国从计划经济体制到改革开放并逐步建立和完善市场经济体制以来，适应不同阶段的发展战略，农地利用所体现的功能以及

各种功能的相对重要性也在发生着变化。主要体现为由强调农业生产功能到强调生产和承载功能并重，由此也引发了利益主体之间重新分配农地收益的问题。

需求层次表现为由低级到高级的过程，高层次的需求以低层次需求的满足为前提，温饱或生存需求是人的基本需求。反映在我国粮食自给战略约束下农地利用过程及其所体现的农地功能中，则是在粮食问题没有很好地解决以前，农地的农业生产功能受到高度重视，与农业生产相关的利益分配是各利益主体关注的焦点；而在粮食问题比较好地解决以后，具有更高价值形式的农地功能则成为各方关注的焦点，换言之，就是在我国经济发展过程中，由于土地资源的稀缺而产生的农地转为建设用地发挥承载功能与农业生产功能之间的竞争问题，以及农地在转用过程中增值收益的分配问题。

从新中国成立初期到计划经济时代，我国一直没有很好地解决人们的温饱问题，农地的农业生产功能始终受到高度重视。这从新中国成立初期，我国耕地面积的快速增加中也有所体现，并且，这一时期土地资源相对丰富，农地转为建设用地对农业生产的压力并不大。1949～1957 年，我国耕地面积由 9 788.1 万公顷增加到 11 183 万公顷，净增加耕地 1 394.9 万公顷。根据统计年鉴给出的 1957～1978 年 21 年中的数据，我国耕地面积出现大幅度滑坡，从 11 183 万公顷下降到 9 939 万公顷，累计下降了 1 244 公顷，但根据上世纪 80 年代中期的一些研究和统计（表 4—2），1957～1978 年的耕地统计数据可能存在较大失真。表中所给出的不同机构在 20 世纪 80 年代中期给出的我国这一时期的耕地面积数据应该比较接近真实情况。虽然不排除在20世纪50年代末期，因为“大跃进”导致耕地破坏减少的情况，但从总体上，这一时期耕地面积应该是在增加的，结合这一时期的背景，在意识形态具有强大号召力的年代，该时期的“农业学大寨”很可能成为耕地增加、农田建设力度加大的推动力。可见，在整个计划经济时期，虽然没有很好地解决温饱问题，但仅就耕地数量的变化也可以看出，农地的农业生产功能事实上受到空前的重视。另外，新中国成立以来到改革开放初期，有关的土地征用的规定如1950年的《城市郊区土地改革条例》、1953年的《中央人民政府政务院关于国家建设征用土地办法》以及1958年修订后的《国家建设征用土地办法》都做出了对被征用的土地“可以”或“尽量”“以相等的国有或公有土地调换”的规定，对无法调剂调换的，发给补偿费或补助费。这些规定，一方面说明土地资源尚且相对丰富，可供开发开垦的土地大量存在；另一方面，也说明农地生产功能受到高度重视。

表4—2　20世纪80年代我国耕地面积调查数据

单位：万公顷

资料来源	全国农业区划委员会	中国1∶100万土地利用图	第二次全国土壤普查
主持单位	全国农业区划委员会	中国科学院自然资源综合考察委员会	农业部土肥总站
时间	20世纪80年代初	20世纪80年代初	1985
耕地面积	13 969	13 906	13 252

资料来源：全国农业区划办公室，《中国农用土地资源十年变化分析评价》，北京，1997。

农村改革为农业发展注入活力，我国自 20 世纪 80 年代中期开始，基本解决了人们的温饱问题。随之而来的是我国经济社会的快速发展以及对农用地的不断占用，虽然自 20 世纪 80 年代以来，国家不断限制建设用地占用耕地，严格保护耕地的措施，并在这一时期制定了《土地管理法》，但并未改变耕地持续减少的趋势。到 2007 年，我国耕地已经下降到 12 173 亿公顷，农用地总量也在持续下降，1996～2007 年，农用地总量减少 200 多万公顷。这一趋势的出现，与农地功能随着经济社会发展而不断变化密切相关，即农地的承载功能不断受到重视和强调。

另外，从征地发展历程，虽然在计划经济时期，征地的补偿额度较低，但并未引发农民、集体和建设单位(国家/地方政府)之间的冲突，这一方面是因为在计划经济时期，农民并不具有物权性质的土地权利，国民经济各部门都受计划指标控制，土地市场尚未发育；另一方面，也是因为在粮食短缺时代，粮食产量增加对国家意味着粮食安全、对集体和农民意味着收入增加，因此，主体利益目标具有一致性，即保证一定数量的耕地，农地的农业生产功能几乎成为唯一重要的功能。随着经济社会发展，由征地引发的矛盾层出不穷，值得注意的是，这些矛盾是伴随着国家征地补偿额度的不断加大的情况出现的。可见，对农地农业生产功能的界定已经不是矛盾的焦点，对农地承载功能，即转为建设用地的功能的界定成为利益主体实现农地功能的重要方面。

二、农地收益分配总体情况

农地功能随着不同发展阶段和不同资源禀赋状况而由注重农

业生产功能和农业生产功能与土地承载功能并重。随着农地功能的变化，中央政府、地方政府和农民在农地收益分配关系上呈现出中央政府和地方政府逐步退出农地农业生产收益分配，但不断加强对农业转用收益的分配的特点。

（一）农地农业生产收益在不同利益主体间的分配状况

中央政府、地方政府参与农地农业生产收益的分配分别通过国家对农产品的收购和对农民征收税费实现。计划经济时期对农产品的价格管制和粮食收购实际相当于对农业征收间接税，可以用农产品价格“剪刀差”表示这一间接税。

根据以上对农产品“剪刀差”、地方政府农业税费以及农民农业生产性收入的分析，以农产品价格剪刀差额和第一产业增加值作为农地农业生产总收益。中央政府作为综合调控者获得在国民经济不同部门间支配“剪刀差”的权力，地方政府（集体）获得农业税费，农民获得农业生产性收入。

总体上，自 1952 年以来，农民对农地农业生产性收益的取得份额在波动中扩大，到 2005 年，随着农业税费的全面免除和各项补贴政策的实施，农民基本上已经获得全部的农业生产性收益，地方政府和中央政府全面退出农民农地生产收益的分配。值得注意的是，在农民农地收益分配份额中，改革开放初期，农民对农地农业生产性收益的占有比例达到近 80%，与这一时期农业生产和农产品收购价格大幅度增加密切相关。地方政府参与分配的过程经历了先减小、后扩大的过程，特别是从 20 世纪 80 年代开始，我国财政体制上从“统收统支”向“分灶吃饭”转变，随后又于 1994 年进行了“分税制”改革，地方政府，特别是基层政府，在财权较小而事权较大的情况下，不得不靠增加农业收费维持开支，这也极大地增加了农民负担。可以看出，正是从20世纪80年代以后，地方政府从农地农业生产收益中分配的份额持续扩大，由20世纪80年代初期的10%左右增加到1990年代的30%以上，并大致稳定在了这一水平。中央政府参与农地农业生产收益的分配则经历了先增大、后逐步减小直至完全退出的过程，在20世纪50年代末期，通过剪刀差方式占有的农业生产收益甚至超过农业生产总收益的50%，从20世纪60年代到改革开放前，基本稳定在15%左右，改革开放后，随着改革进程的深入，市场体制逐步确立，工农产品价格剪刀差逐渐消除，到90年代中期，中央政府逐步退出对农地农业生产直接收益的分配（图4—9）。

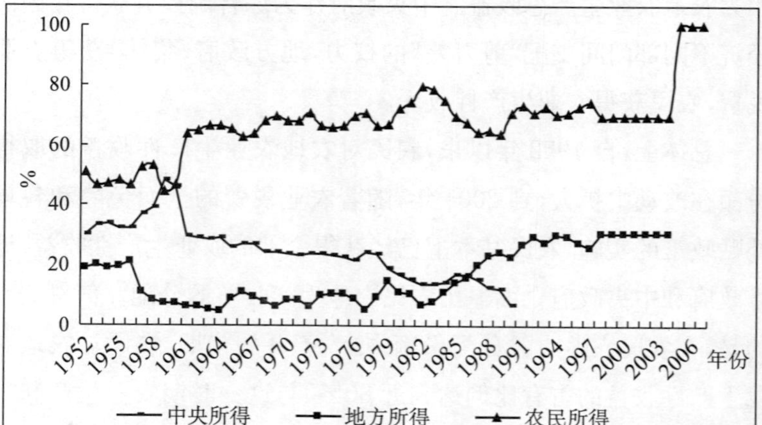

图4—9　农地农业生产收益在中央、地方和农民之间的分配变动

（二）农地转用中的农地收益分配

改革开放后，我国土地市场从无到有，不断发展完善，并且随着土地资源稀缺、人地矛盾日益突出，农地转用中产生的巨大增值收益分配成为各方界定的焦点。对于土地价格，传统理论认为，从长期来说，土地价格上涨的幅度与通货膨胀率大致相等，土地是可保值的资产。到 20 世纪 80 年代前后，美国学者 Martin Feldstein (1978)等对美国土地、黄金等资产的价格与通货膨胀的关系进行了研究并认为，这些资产价格上涨的幅度大于通货膨胀率，他将其归因于资产利得税、固定资产折旧所得税的计提方式等产生的影响。

在我国，土地有偿使用制度自 1987 年才开始逐步探索试点，但在很长时期内，大量土地都以协议等方式低价出让，土地市场价格并未能体现土地的真实价格。到 1998 年我国颁布并于 1999 年开始实施新的《土地管理法》，并在 2000 年以后，针对土地市场存在大量协议低价出让土地的现象，出台相关政策规定，缩小协议和划拨用地范围，把经营性用地全部纳入“招拍挂”范围。对我国建设用地实际价格，长期以来，并未形成建设用地土地市场。在此，假定在 1999 年新的土地管理法实施前，土地大致具有作为保值资产的属性，价格变动与利率与通货膨胀率有关，即：

$$\frac{\mathrm{d}p_L}{p_L} = r + i$$

1999 年以后，土地价格根据历年《国土资源年鉴》有偿出让面积和出让价款计算得到[①]。根据这一公式,估算改革开放初期到1998年的土地价格。

对农地转用中的土地补偿,在此,假定各个时期耕地补偿都按较高的标准执行,1990年前耕地补偿标准为该耕地前三年产值平均值的15倍;1990～1998年为20倍;新的土地管理法实施后,1999～2003年提高到25倍;在一系列有关土地管理和征地问题的文件下发后,2004年之后提高到30倍。实际执行中,补偿标准实际低于这一设定的倍数。另外,根据全国耕地总量与种植业产值计算得到耕地前三年平均产值,据此,估算农民获得的单位土地的补偿价款。

在估算的转用土地价格与征收土地单位补偿价款的基础上,计算改革开放以来单位征收土地补偿款占转用后价格的比重,结果如图4—10。由于无法得到各年份征地补偿款是土地产出倍数的准确数据,因此,对补偿款是土地产出倍数的主观设定,使得图中展现出的比值具有波动下降的趋势。而实际上,较为可能的情况是,自改革初期以来,单位土地征收补偿款占土地转用价格比重在持续下降,大致由20世纪80年代初期的40%左右下降到当前12%～15%左右的水平。根据王小映等(2006)对东、中、西部代表性地区的抽样调查,2001～2004年,中部和东部代表性地区征地补偿费占平均土地供应价格的比例在15%左右,西部代表性地区征地补偿费占平均土地供应价格的比例则超过25%,这与西部地

① 根据王小映等对2001～2004年江苏、安徽、四川三地的调查,政府获得的经营性土地出让纯收益分别占土地平均供应价格的74.7%、74.5%和26.6%。

区土地价格相对较低有关。

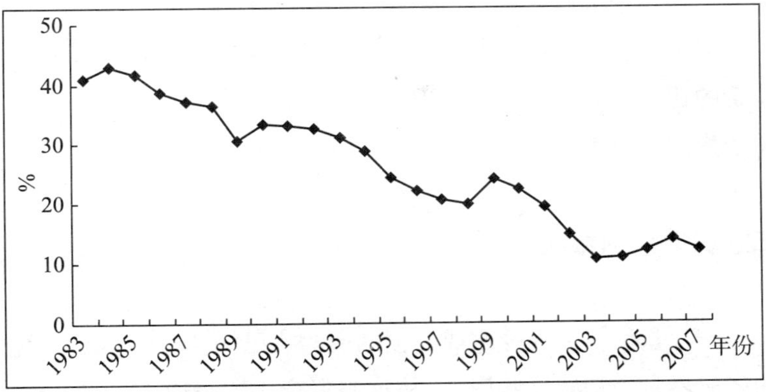

图 4—10　单位征收土地补偿款占土地转用后价格的比重变化

同样根据这一调查，东、中、西部代表性地区单位经营性转用土地的开发成本占土地供应价格的比重分别为 25%、25%和超过 70%，东部经营性土地价格分别约为中部和西部的两倍和三倍多。1996～2004 年，东、中、西三大地带城市、建制镇和独立工矿用地增加量占全国的比重分别为 59%、19.1%和 21.9%。因此，西部地区土地开发成本占转用土地价格的比重虽然很高，但由于其总量占全国征用土地的比重并不大，而且，在转用土地价格上，西部也低于中部和东部。综合考虑三大地带土地价格、土地征收数量以及土地开发成本的影响，估算全国征收土地开发成本占土地出让价格的比重约为 30%。因而，如果转用土地开发成本按土地出让价格的 30%计算，那么土地转用后，政府（包括中央和地方）获得的农地转用增值纯收益（包括税费和土地出让纯收益）与农地征收补偿款的比值大致由改革初期的 1∶1 下降到当前的 4∶1[①]。如果以前述中央政府和地方政府土地出让收益分配比例计算，则 1999 年后，中央和地方获得土地转用纯收益与农民获得的土地补偿费的比约为 5∶50∶15，毫无疑问，地方政府是土地转用增值收益的最大获益者。

三、农地权利结构分析

产权是使权利人受益或受损的权利。巴泽尔(1997)把对资产的产权界定为消费这些资产、从这些资产中取得收入和让渡这些资产的权利。资产收益、处置权利居于产权的关键地位。具体到土地权利，它也是一个权利束，包括法律所有权、剩余索取权、使用权、处置权以及这些权利的可靠性等(姚洋，2000b)。但在这众多权利中，产生于所有、使用以及处置权的收益权，仍然是土地权利分割的关键。因此，土地权利决定土地收益分配状况，而土地收益分配状况刻画了土地权利结构，从这个意义上说，可以以土地收益分配作为土地权利结构的量化依据。

(一) 农业生产收益刻画的农地权利结构

以农地利用或转用收益比例代表实际享有权利的份额。在农地农业生产收益的分配中，农民作为农业生产的主体，其权利份额

① 土地出让总价款中开发成本按 30%计算，农民补偿份额占 12%～15%，政府在征地环节收取的与农民获得的补偿份额相当的税费计入政府纯收益，则政府获得的纯收益占土地出让总价款的比例大致为 55%～60%。

大致是在持续扩大的。新中国成立初期到 20 世纪 60 年代前后，我国国民经济结构中，第一产业比重极大，为维持国家财政收支，并且经过过渡时期的调整后，为尽快实现工业化，需要尽可能多地提取农业剩余，在这一时期，农业生产收益的一半以上归中央和地方政府所有，一半归农民所有，换言之，我们大致认为农民享有的农地农用权利的份额为 50％左右。经过“一五”时期的发展，度过 50 年代末 60 年代初的“三年自然灾害”后，我国工业有了一定的发展，第一产业比重由新中国成立初期的 50％以上下降到 30％左右，而第二产业比重则由 20％左右上升到 45％左右，其中工业由 17％上升到近 40％。从这一时期到改革开放前，由于农业生产重要性的相对下降，国家财政收入范围扩大，使农民农业生产收益份额有了较大增加，大致保持在 65％～70％的水平。在这一整个计划经济时期，特别是人民公社体制建立后，由于指令性计划几乎渗透到农业生产的各个环节，农民成为事实上的“农业产业工人”，而农民农业生产收益类似于他们获得的“工资”，这一时期，农民农地权利份额为 70％左右。改革开放激发了农民的积极性，初期农业生产增加所带来的收益大多为农民获得，因此，农民农业生产权利份额一度达到 80％。经过人民公社解体后建立基层乡镇政府以及分税制改革，农民负担在 90 年代后加重，直到 2005 年，农业税费全部取消，农民获得了农地农用收益的全部权利。中央政府对农地农业生产收益权利的分享则大致经历了持续下降直至在 1990 年代中期以后全部退出的过程；地方政府对农地农业生产收益权利的分享经历了从新中国成立初期到 2005 年持续扩大的过程，之后，全部退出农地农业生产收益权利的分享(图 4—11)。

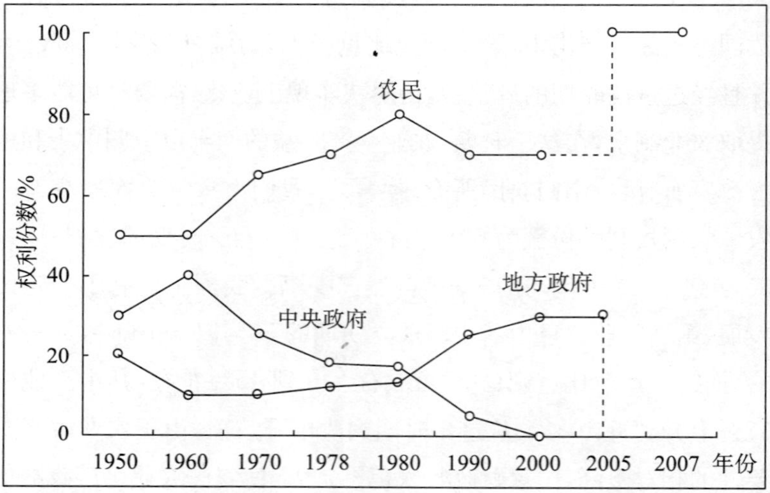

图 4—11　农地农业生产收益权利结构变化

（二）土地转用收益刻画的农地权利结构

我国土地有偿使用制度建立的时间比较短，仍处于不断发展完善的过程中，这一进程中，随着我国经济快速发展，耕地持续下降，土地资源的稀缺问题日益突出，土地转用产生的价值升值不断提高（吕萍、卢嘉，2007），而对土地转用后收益分配权利的界定也成为矛盾的焦点。根据以上对农地转用收益分配的分析，农民享有的权利份额持续下降，政府享有的权利份额持续上升，特别是地方政府，成为农地转用权利的最大受益方。按照 1982 年颁布的

《国家建设征用土地条例》[①]有关土地征收补偿的规定计算，土地转用后农民获得的补偿款与政府土地纯收益的比值约为 1∶1，之后，虽然征地补偿标准有所提高，但农民所获补偿款与土地纯收益的比值已经逐步下降到 2000 年以后的 1∶4。

对农地转用中土地收益在政府与农民间的分配，众多学者认为，政府收益事实上基于土地的发展权，虽然我国集体土地和国有土地中都未设有所称的土地发展权，但土地发展权收益是存在的。刘文甲(2009)则认为，土地改变用途时产生的新老用途的价差属于土地用途管制权，土地用途管制是各国的普遍做法，用途管制权大于产权；多数国家采取土地利用规划和收取土地“金”的方式实现用途管制的目标。如果从土地发展权的角度出发，这一权利似应置于产权之下，假如农民享有完整产权，即使不能享有全部收益，则至少应在一定程度上分享发展增值收益；如果从用途管制权高于产权的角度出发，则基于国家的土地管理权力，收益似可以全部归于国家，由国家决定这些收益的分配与使用。

对农民而言，土地征收后除保证其获得必要的补偿外，都需要考虑农民的基于土地使用的“就业权”。如果土地发展权从属于产权，则农民完整的土地产权形态应至少部分包含发展权，土地征收后农民从转让的土地发展权中获得的收益应满足其重新就业的要求，或至少保证其获得可靠的社会保障来源。如果产权从属于土地用途管制权，则土地转用后，也应保证农民不因失去土地而“失

① 1986 年颁布的《土地管理法》有关征地补偿的规定沿用该条例的标准，《条例》有关规定一直沿用到 1998 年，新《土地管理法》颁布。

业”,保障农民就业的方式,则可通过岗位安置或资金补偿方式。总之,无论政府土地增值收益基于土地发展权还是用途管制权,国家获得收益后,都需要充分考虑失地农民就业。二者不同的是,如果从土地发展权角度,则国家收益是针对个人出让发展权征收的调节税,在这一语境下,是先农民、后国家的;而如果从用途管制权角度,则国家收益是国家土地管理权力的体现,在这一情形是,是先国家、后农民的。虽然有先后的不同,但核心仍在于农民是否得到了切实的保障,这也正是能否较好地处理好征地矛盾的关键。就我国目前的情形看,更类似于土地用途管制权居于产权之上的情形。回顾我国土地征用(收)制度的变迁,1953 年、1958 年、1982 年颁布的有关征用农民或农村集体土地的法规条例都明确规定,地方政府或用地单位必须解决农民就业的后顾之忧,方式上可以是通过土地置换,解决农业就业,或是转入其他行业就业。1986 年的颁布的第一部《土地管理法》沿用了 1982 年的有关规定。1998 年,新《土地管理法》虽极大提高了征地补偿标准,但对农民附着于土地上的“就业权”却没有充分的考虑,新法规定“地方各级人民政府应当支持被征地的农村集体经济组织和农民从事开发经营,兴办企业。”对征地后农民就业的解决方式由“必须”“要”“安排”等变成了“支持”,很显然,这实际上弱化或者在一定程度上推卸了地方政府和征地单位对失地农民安置的责任和义务。2004 年后,一系列有关支持失地农民就业的配套文件相继出台,将有助于把失地农民就业问题重新纳入政府和用地单位的责任范围内,从而再次充分保证农民附着于农地上的“就业权”和“保障权”。

简而言之,在我国农地转用过程中,政府基于土地用途管制权获得土地增值纯收收益，农民基于对物权性质的土地承包经营权和使用权，获得“就业保障权”和土地补偿。我国改革开放以来政府征地是在土地用途管制和规划基础上(虽然明确的土地用途管制制度开始于 1998 年)，获得土地转用纯收益，并且承担全部或部分农民就业保障责任的行为。能否把征地过程所产生的矛盾最小化，在一定程度上取决于对农民附着于土地上的就业权的保障。正如在 20 世纪 80 年代以及 20 世纪 90 年代，虽然征地标准低于 1998 年新土地管理法的规定，但并未因征地而引发大量矛盾，这正是得益于对农民就业权的充分保障。改革开放以来，农地转用中政府以及农民获得的土地收益、享有的土地权利的变化可以表示如图 4—12。政府纯收益与农民所获补偿的比例中隐含着政府的土地管制权，抑或农民享有的土地发展权，这一收益比例的变动表明，政府对土地管制权力的增大。从 20 世纪 80 年代初到 90 年代末，在土地征收制度的变迁中，农民依赖于土地的就业权保障程度下降，之后，由于征地引发的矛盾激化进而导致了土地征收补偿制度的边际调整(体现在 2004 年后的一系列中央或部门文件中)，相关土地政策开始更加关注农民的就业和社会保障问题，使农民就业权利保障程度有了提高。

(三) 农地权利结构演变的总体过程

从农地农业生产和非农建设转用收益分配的情况看，农地权利在农民和政府之间的分配经历了如下过程：政府不断乃至全部退出农业生产收益的分享，确保农民享有农地农业生产的全部收益；与此同时，特别是自改革开放以来，不断强化了土地管制权，获得了农地转用的增值收益。

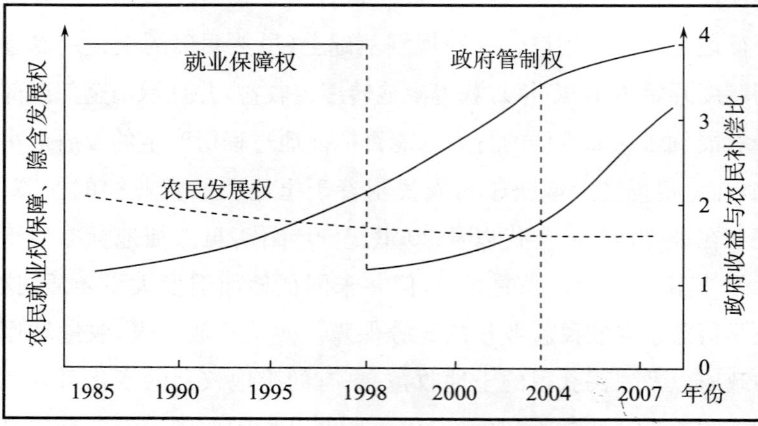

图 4—12　农地转用中的土地(隐含)权利结构

从农地农业生产的角度看，自新中国成立初期到家庭联产承包责任制建立，我国在土地制度建设上一直将所有制问题放在首位。改革开放以来，随着对土地权利认识的不断深化和市场经济的建立和完善，对农地所有权的强调，让位于更适合现代市场经济要求的、更为灵活的产权。虽然众多研究指出，我国农地利用(转用)中的诸多问题都是由于农地产权主体模糊、地权残缺。但不可否认，随着以土地使用权为核心的土地制度的不断建立和完善，我国农地产权的配置功能得到了较好的发挥。改革的进程是国家从农村基层制度建设领域的逐步退出的过程，体现在农地利用及收益方面，就是国家以行政强制手段抽取农民农业生产收益的强度逐渐缩小，直至全部退出。这一过程中，在伴随着使用权为核心的农地权利制度的建立，在农地集体所有权下，逐渐发展出物权性质的土地承包经营权，土地承包经营权成为农民获得农地全部农业生产收益的权利保障。总体而言，农地制度变迁的过程是农民农地生产收益分享比重提高的过程，是农地地权个人化程度不断增强的过程。

从农地转用过程看，改革以来确立的土地补偿方式脱胎于计划经济时期，1983～1998年，货币补偿加就业安排使农民获得了失去土地后的完全保障；政府则通过事实上的土地管制权，在保障农民生活后，获得土地增值收益。随着经济社会发展变化，1998年后，土地征收发生了深刻变化，农民土地补偿方式基本上以货币为主，呈现"一半计划、一半市场"的特点，称其为"计划"，是除土地补偿数额有所变化外，以农地农业生产价值为补偿基准的确立方式没有变化；称其为"市场"，则是农民就业安置由原来的"计划"统一安置转向了通过"市场"自谋出路；在我国农村剩余劳动力数量巨大、城镇就业压力也仍然加大的情况下，失地农民自谋就业的难度无疑是较大的。未来，在征地制度安排上，在农地转用中的权力结构配置上，无论强调土地转用是国家理应享有的土地管制权，还是强调农民作为产权主体应享有较大程度的农地处置权（尤其是农地转用权，或称为土地发展权），其需要解决的核心问题都是农地利用附带的农民的就业保障权。解决被征地农民的就业和社会保障，是征地制度的关键，这也是近年来一系列涉及土地征收制度改革调整遵循的方向。

第四节 小结

农地的多用途性和用途的变化引发农地利用中的不同利益主体对农地权利的重新界定。从农业生产功能和承载功能角度，不同功能带来的收益的分配正是基于对农地权利的享有情况，对权利的界定最终是为了获得土地收益，因此，收益分配的情况也就定量刻画出了土地权利结构状况。农民对农地农业生产收益的份额自新中国成立以来经历了在波动中持续扩大的过程，由新中国成立初期的45％左右，增加到2005年以后的几乎100％。而农民在农地转用中收益分配的份额则由20世纪80年代初期的40％左右下降到当前15％左右的水平。

仅就农地农业生产收益看，农地地权个人化的程度在不断增加。农地利用中产生的矛盾主要源于农地转用过程，而矛盾的核心在于是否确保了农民基于土地的就业和保障权。解决被征地农民的就业和社会保障，是征地制度改革的关键，这也是近年来以及今后很长时期内我国土地管理和征收制度改革调整需要遵循的方向。

第五章　农村土地制度对城乡关系作用的理论分析

制度是一个社会的博弈规则，构造了人们在政治、社会或经济领域里交换的激励。土地是具有多种用途的重要的生产要素，土地的多用途性决定了土地利用受到不同利益主体的深刻影响，利益主体从各自的利益目标出发，对土地的利用施加影响。土地制度安排正是对利益主体的行为做出约束，使其在制度框架下追求自身收益最大化目标。土地制度作为基本的社会经济制度，对作为我国基本经济社会关系的城乡关系具有重要影响。

第一节　农村土地制度对城乡经济发展的影响机制

一、制度及其对经济绩效的影响

制度可以是正式的规则，如法律法规，也可以是社会共同遵从的习俗、习惯等。制度对经济绩效的影响通过其对交换与生产成本的影响而实现，与所用技术一起，制度决定了构成总成本的交易费用和生产成本。制度在社会中具有基础性的作用，是决定长期经济绩效的根本因素（诺斯，1990）。

制度对经济绩效的显著影响已经得到了研究者较为普遍的认同。当然，诺斯也认为，要将制度分析整合进静态的新古典理论，则必须修改现有的理论框架。事实上，经济增长理论也在试图把制度要素整合进新古典分析的框架。在总结经济增长理论发展历程的基础上，可以看出，经济增长模型中的要素从哈罗德—多马模型中的仅包含资本和劳动(Solow，1956)，发展到内生增长理论把技术要素内生化到生产函数模型中，再到新经济地理理论(Krugman，1991)把区位要素纳入分析框架。柯武刚和史漫飞(2008)梳理了对经济增长影响因素的认识历程，把制度因素作为经济增长中的基础性，资本、劳动力、技术、人力资本、自然资源等在制度框架下进一步影响经济增长，而这些要素通过经济增长的微观基础—企业家—引导结构变迁而实现(图 5—1)。

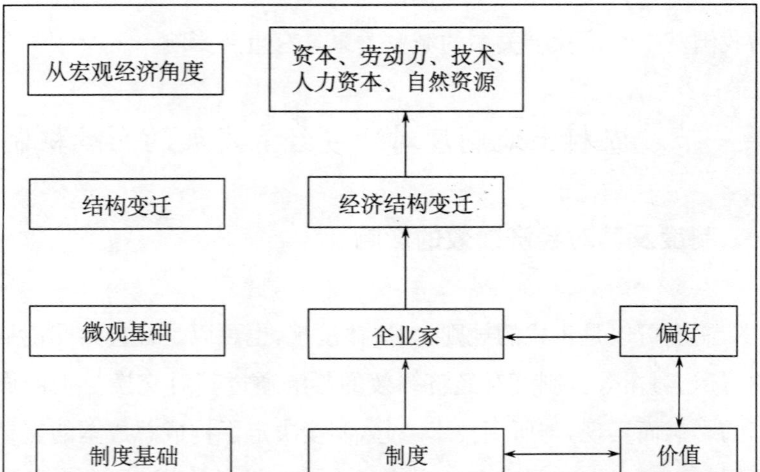

图 5—1　经济增长条件以及制度在其中的作用

对于制度对经济绩效影响的机制与途径，早在 20 世纪 70 年代，库普曼（T. C. Koopmans）就给出了一个表达经济制度和产出关系的公式，当然，这个公式只是说明性的，而不是精确分析：

$$O = f(E, S, P)$$

其中，O 代表经济产出，E 代表经济环境，S、P 分别代表体制与政策，即我们可以理解为制度的要素，经济产出 O 则可以认为是我们所要度量的经济绩效。考虑到利益主体在经济活动中的作用——即利益主体对制度安排做出反应，制度通过影响交易费用和生产成本而对利益主体产生激励——将通过利益主体而发生作用的制度在一定的环境下对经济绩效的作用机制做如下图示（图 5—2）。

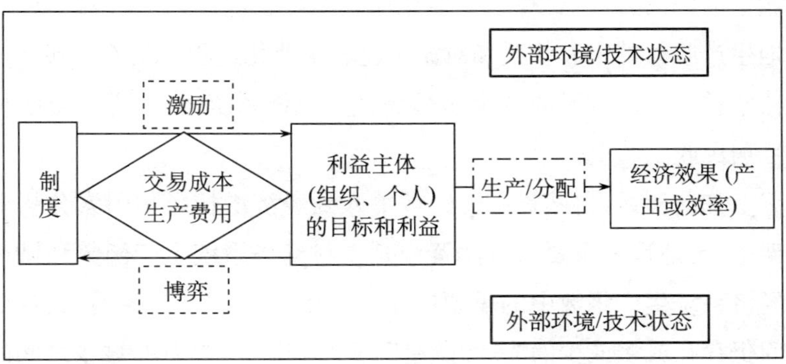

图 5—2　制度对经济绩效（产出）的作用方式与机制

制度通过在特定环境和技术状态下对生产费用和交易成本的影响，而对经济活动中的相关利益主体行为产生影响。一方面，利益主体在制度约束下，通过改善资源配置效率（也包括对技术的改进）以及将外部收益最大限度地内部化而追求利益最大化目标，并在此过程中不断调整生产和分配方式，进而影响经济产出效果。另一方面，利益主体在相互博弈的过程中，不断寻求改变制度以有利于本主体的利益目标，这也带来了制度的边际调整或变迁，制度均衡取决于利益主体力量的对比。

二、农村土地制度对城乡关系的影响

在此所称的农村土地制度主要指由正式的法律法规所界定的农村土地产权制度。根据前一章对农村土地功能的分析，对农村居民而言，农村土地的功能主要体现在生产和收入保障方面，而对城市居民而言，主要在于支撑作用。农村土地制度通过对农民农地生产收益的享有状况和对城镇化和工业化进程中的农地转换增值收益的分配状况的界定而影响城乡经济系统运行，进而影响城乡居民收入状况。

如前所述，自然资源已经被纳入到经济增长影响因素分析框架中，土地这一重要的自然资源是农村经济系统生产函数和城市经济系统生产函数中的重要因子。从图 5—3 看，在我国，城乡之间仍存在或多或少的“二元壁垒”，而在城镇化进程中，城乡之间的要素流动较多地体现出农村支持城市的特征。例如，在资本流向上，在农村发展缺乏支持的情况下，资本的逐利性使得农村资本大量流向城镇，农村产业得不到金融支持；在劳动力流向上，农村人口大量涌向城市，为城镇和工业发展提供了廉价劳动力，制度歧视使其难以获得与劳动对等的报酬，并支持了城镇居民的“制度工资”;土地要素也是在现行制度框架下,为城镇发展提供了资金支持,节省了工业化的成本。总体上,农村土地制度正是通过显著影响土地要素以及土地要素产生的收入流在城乡之间的分配,从而对城乡关系产生了重大影响。

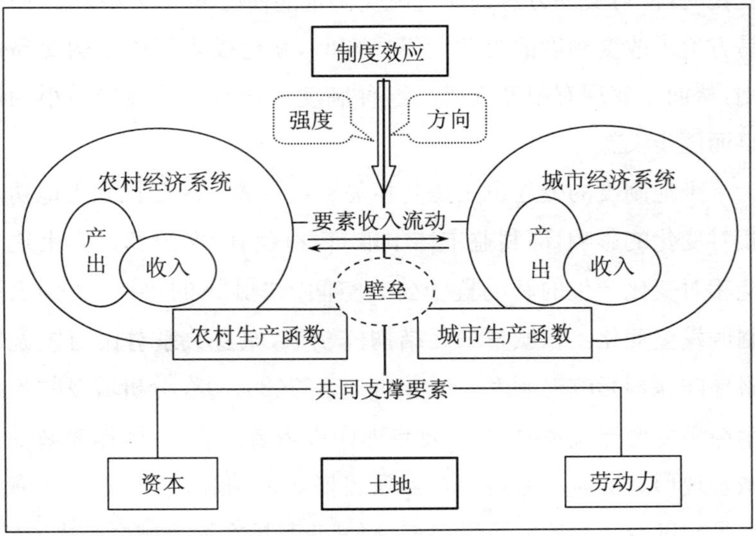

图 5—3　农村土地制度对城乡关系的影响

第二节　土地制度变迁与城乡关系变化

制度均衡是利益各方均势的结果。当社会经济环境发生变化,资源新价值被重新开发时,现有制度安排可能无法获得更多收益,这就产生了制度需求,利益相关方要求改变现有安排,对新的价值进行重新分配,从而也就产生了制度变迁。早期研究者把制度需求的产生归因于人口增加对稀缺资源带来的压力。诺斯从经济学的角度指出“相对价格的根本性变化乃是制度变迁的最重要来源”,由于资源利益和交易涉及多个主体,当资源价格发生相对变化时,使得交易方感到通过改变协定能使己方或双方受益,而交易方追求改变制度的收益大于成本时,就会投入资源重构交易规则,从而改变现有制度安排。这种制度变迁通常是通过微小的调整而逐步实施。

土地制度的变迁也正是受相关利益主体力量对比和土地功能相对变化的影响,即利益主体争取自身权利的努力和人们土地功能相对变化产生的新的置于公共空间的“租”[①]的界定,使得土地制度发生变化。在城乡二元结构体制下,城乡关系对比与国家战略导向深刻影响着制度变迁方向。蔡昉(2003)在分析城乡收入差距与制度变迁关系时,赋予城乡差距以重要的意义,即作为城乡关系表现形式的城乡差距是城乡居民博弈的结果,它的某一个临界点是制度变迁开始的逻辑起点,制度改革旨在缩小城乡收入差距,制度改革的进程受到城乡居民双方影响,即城市居民运用其特有的“投票”和“呼声”机制,影响着城乡关系政策,阻碍农村劳动力的永久转移,继续维系着城市偏向政策。然而,农民仍然可以通过“退出”机制即“用脚投票”,最终推动城市偏向政策的改变,我国农村土地制度近年来的变化,正体现出推动改变城市偏向政策的特征。城乡关系与制度变迁存在反作用。由于城乡关系的复杂性,

① 巴泽尔把没有界定的权利所产生的留在公共领域里的价值称为“租”。

城乡关系的维系受多种制度因素的影响，土地制度是其中重要的一个方面。

对土地制度变化与城乡关系的相互影响可以用图 5—4 表示。在此，我们可以分为两种土地制度变迁类型。第一种是随着经济社会条件变化，原土地制度(A)与经济社会发展不相适应，从而对经济发展产生阻碍作用情况下的制度变迁，即制度的整体改进(B、C、D)，在这种制度整体改进中，也可能存在更加偏向城镇居民的变迁(B)或更加偏向农村居民的制度变迁(C)，或者是对城乡居民福利起到同等增进作用的变迁(D)。第二种则主要是由于谈判力量对比改变而发生的并未增加福利水平的情况下，对现有总福利的重新分配，即制度变迁过程沿制度曲线的移动，例如沿 A 向左上方的移动，将增加城镇居民福利而减少农村居民福利，相反方

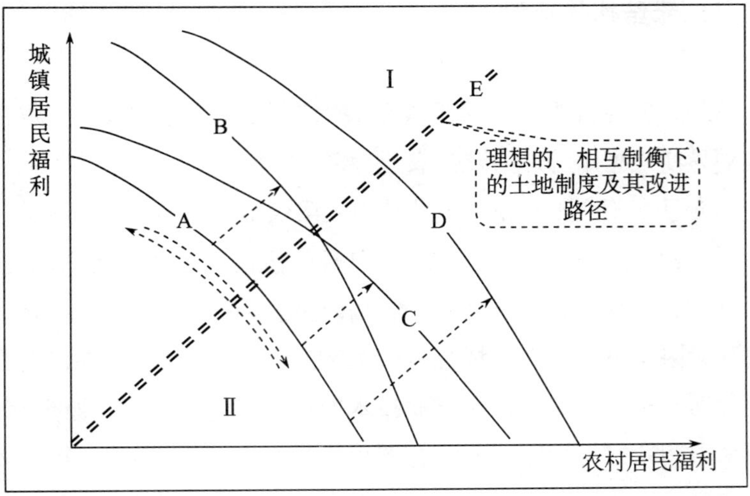

图 5—4　农村土地制度演变对城乡关系影响的理论模型

向的移动的影响效果则相反。此外，需要说明的是，理想的制度均衡点位于制度集 E 上，E 之上的 I 象限是城市偏向的土地政策，E 之下的 II 象限是农村偏向的土地政策。

第三节 土地要素与二元结构转换

发展中国家发展历程中的城市偏向政策具有普遍性，由此也造成了城乡二元结构。因此，对发展中国家，发展的过程实际上也是消除二元结构、实现一体化发展的过程。众多学者研究了如何实现二元结构转换以及各种生产要素在其中发挥的作用。在回顾二元结构转换模型的基础上，将土地及其制度要素引入模型。

一、二元结构转换模型

刘易斯在古典经济学框架下，奠定了二元经济理论的基础。在刘易斯模型中，假定传统（农业）部门劳动力边际生产率为零，工资不变且在不变工资条件下劳动力无限供给。刘易斯模型确立了二元结构分析的基础，但显然，其自身的假设也存在一定的问题，而且，农业部门向工业部门的人口转移能够在工资不变的条件下实现无限供给也与现实情况有较大差距。换句话说，如果没有农业劳动生产率的提高也即农业技术的进步，从而产生农业部门的劳动力剩余，那么就不太可能产生无限的劳动力供给。舒尔茨(2006)认为传统农业也是一种特殊类型的经济均衡状态，在这种均衡状态下，技术状况长期大致不变，各种生产要素（主要指物质资本)的投入大致不变,传统生产要素的供需长期处于均衡状态;不同于很多经济学家认为的,他指出“在传统农业中,生产要素配置效率低下的情况是比较少见的”,而要改造传统农业,使农业部门成为推动现代经济增长的部门,就需要投入现代生产要素(例如,以农业机械替代畜力),增加人力资本投入。费景汉—拉尼斯在刘易斯模型(图 5—5)的基础上,通过设定农业技术进步和农业劳动生产率的提高改进了模型,随着工业化的发展,现代部门吸纳的劳动力不断增加,农业部门则因劳动生产率提高而形成富余劳动力,直到农业部门的劳动力转移全部完成,也就是说,农业劳动生产率的提高所产生的剩余劳动力正好被工业化进程对吸纳,这时就会出现“刘易斯拐点”(Fei and Rains,1964)。在刘易斯模型中,工业部门劳动需求曲线 D_U 的向上移动会吸纳更多转移劳动力,如果传统部门劳动力需求不变,则均衡工资水平将提升到 C 点对应的水平,而不是初始的工业部门工资水平 W_L,因此,刘易斯假定传统部门的劳动力的边际生产率为零,即可以无限供给。在费—拉改进模型中,则在工业部门劳动需求上升时,农业部门生产率提高,劳动需求下降(由 D_{A1} 到 D_{A2})。如果此时(B 点),工农业部门生产率趋同,则开始出现工资上涨(图中虚线 L),B 点也就是刘易斯拐点。

在实现二元结构向一元结构的转化过程中,农业部门向工业部门提供劳动力,而工业部门向农业部门的投资成为提高农业部门生产率的原因,工农业部门自一开始就存在着相互作用。我国学者陈宗胜和黎德福(2004)通过将农业技术进步引入内生增长模型,阐述了现代部门和传统部门相互作用下实现二元经济结构转换的机制。传统部门和现代部门的生产函数分别为：

$$Y_{A,t} = R_t^{\alpha}(T_{A,t}, L_{A,t})^{1-\alpha}; Y_{M,t} = [(1-a_K)K_t]^{\beta}(T_{M,t}, L_{M,t})^{1-\beta}$$

其中，T 为技术状态指数；R 为土地，是农业部门的独特要素；K 为资本，是现代部门产出的部门，不直接进入传统部门生产函数，但通过对传统部门的回馈而影响其技术进步函数，

即：$T_{A,t} = B(a_K, K_t)^{\gamma} T_{A,t0}$

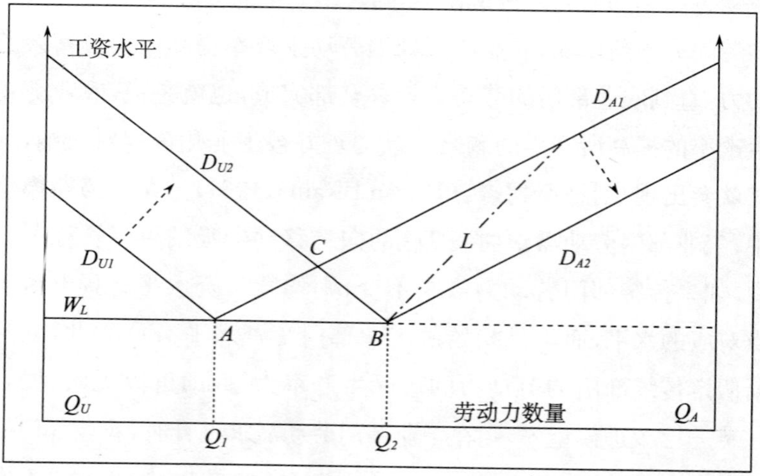

图 5—5　刘易斯模型与费—拉模型图示

这一公式表明传统部门的技术进步不是外生的，而是资本投入与传统部门基期技术水平的函数，其中 a_K 是用于促进传统部门技术进步的资本份额。通过资本等要素的流动，传统部门和现代部门生产函数紧密联系在一起。

托达罗则意识到，与刘易斯以及费—拉模型不同的是，在现实

中并非城市工资处于低水平并与农村基本需求水平相当，城市工资大大高于均衡工资，即存在城市制度工资，而这通常与“二元结构”中的政策管制和产业结构选择有关（Todaro，1969）。总体上，从二元结构转换模型发展看，对城乡二元结构中的城乡关系的认识，经历了由城乡完全分割、农村处于完全被动地位到在城乡互动中实现结构转换的过程。

以刘易斯模型为基础，经众多学者补充、完善和发展的二元结构转换模型，都将人口流动和劳动力的转移作为消除二元结构的关键，从二元结构下的城市偏向政策向一元结构中的城乡关系平等的主要途径就是传统部门就业人数的大幅度减少。而事实上，正是劳动力由传统部门向现代部门的转移成为推动经济发展的重要动力。要实现经济发展，根本的方面就是采取各种方式提高农业生产力，促进农业部门劳动力转移，并增加农民的人力资本，这也正是刘易斯、舒尔茨、费景汉、托达罗等发展经济学先驱的共识。

二、引入土地及其制度要素二元结构转换模型

如前所述（图5—1），在经济增长模型中，自然资源以及制度要素等都被引入到分析中。在城乡二元结构转换中，伴随人口转移的是土地等要素的转移，正如有学者指出我国城乡二元结构的维系被分为“价格剪刀差”和“土地剪刀差”两个阶段（党国英，2005），因此，土地等自然资源在城乡二元关系中发挥着重要作用。刘易斯二元结构模型以及其他模型并未考虑土地及其制度要素对二元关系的影响和在二元结构转换中的作用。陈宗胜等（2004）的

内生农业技术模型也仅仅把土地要素作为传统部门的特有要素。对土地等资源在经济增长中的作用，国内外经济学家进行了大量研究，但对土地要素对经济增长的作用，相关研究并未达成一致，梅茨马克尔斯和洛(Metzemakers and Louw,2005)认为，土地与劳动一样是国民经济增长的要素，产业用地的短缺将限制经济发展。基欧塔克和韦斯特(Kiyotaki and West,2004)建立了一个包含土地的生产函数。国内学者在将土地要素引入生产函数、分析其对经济增长作用方面进行了大量尝试，并认为土地对我国经济发展具有重要作用，其贡献率达到10%以上(丰雷等，2008；毛振强、左玉强，2007)。对土地及其制度与二元结构的影响，胡景北(2002)认为一个国家的农业土地制度决定了该国经济现代化的发展机制，并认为中国农村"二阶级模型"(即存在地主和自耕农两个阶级，在计划经济体制下，农民只获得生存水平的收入，类似于刘易斯模型中的"不变生存工资"，这实际上仍与二阶级模型类似)向"一阶级模型"(自耕农，自1978年农村改革开始的准自耕农制度)的转换，是中国经济发展遵循上升工资机制的条件。此外，也有研究者将土地要素分别引入现代部门和传统部门生产函数中，认为土地和劳动力要素向现代部门的转移共同决定了二元结构的走向(张志强，2008)。

在刘易斯模型中，实现城乡二元结构转换为一元结构的关键是两部门工资水平的均衡。在此，以城乡居民收入替代总产出，分别建立城乡收入函数，借鉴有关学者将制度因素引入生产函数的方式，以农民获取的来自土地收益的比重作为制度要素，建立函数关系。考虑到农民收入来源的性质，即一方面，来源于农业收入，另一方面，特别是改革以来，来自工资性的收入越来越高，在我国以户籍约束为主的现行制度下，以农业转移劳动力为主力而获取的工资性收入实际上与城镇居民获得收入具有不同的决定函数。因此，农民收入决定函数分为农业性收入（传统部门收入）和工资性收入（不完全同于城镇居民收入函数决定形式，具有传统部门向现代部门的过渡性质）；城镇居民则具有唯一的类似生产函数形式的收入决定函数，其中包括土地以及土地制度要素：

$$Y_{A1} = f(R_1, L_{A1}, K_A, I), Y_{A2} = f(R_2, L_{A2}, K_U, I)$$

$$Y_U = f(R_2, L_U, K_U, I)$$

其中，Y_{A1}为农民农业收入，R_1 为耕地面积，L_{A1}为一产从业人员，K_A 为农业资本投入流量，Y_{A2}为农民工资性收入，R_2 为城镇建设用地，L_{A2}为农村非农就业人员，K_U 为固定资本存量，L_U 为城镇劳动力；I 代表农村土地制度要素。

第四节　小结

城乡关系是一系列制度要素综合作用的结果，农村土地制度作为基本的经济社会制度安排，对城乡关系有着重要影响。在影响和作用方式上，主要通过显著改变土地要素以及土地要素产生的收入流在城乡之间的分配而起作用。土地制度变迁还是城乡居民博弈的结果。

第六章　农村土地制度对城乡关系作用的定量分析

在具有“二元”结构的发展中国家，国家与农民以及城市与农村之间的关系通常都是强制性的，这种强制性主要表现在通过管制手段实现的对城市的政策偏向。这样的制度安排导致巨大的城乡差距，表现在城镇与乡村在土地利用、收入以及就业等多个方面的差异。我国城乡关系长期以来处于对立之中，城乡收入差距是这种关系最根本而又明显的反映。这种对立的城乡关系的维持，也正是通过一系列强制性的制度安排而实现的，农村土地制度安排是这些制度安排中极为重要的方面。本章首先对农村土地制度对城乡关系的综合影响进行简要分析；之后，分析改革前和改革以来农村土地制度对城乡收入差距的影响。

第一节　农村土地制度对城乡关系的综合影响分析

发展中国家经济社会发展过程中，城乡关系的变化通常以一系列的制度变迁作为条件，城乡关系和制度变迁之间存在密切的相互作用。虽然我国仍存在城乡分割的“二元”结构，但在市场机制发展和完善的进程中，要素流动（包括土地要素流动），特别是其中的劳动力要素的流动，有力地推动着“二元”结构向“一元”的变化。而因土地制度的城市化倾向而产生的城镇建设的快速发展一方面为城镇居民带来的收益，拉大了城乡差距，另一方面，也为农村人口转移提供了条件。以下从农村土地制度对城乡关系的综合影响进行了分析，这种制度性影响既有农村的剥夺，也有对农村的支持。

一、城乡关系变化中农村土地制度对农村的剥夺

(一) 较低的土地征收价格以“土地剪刀差”方式剥夺了农村，支持了城镇

城镇化是发展中国家发展历程中的必然现象，与此伴随的是农用地向城镇用地的转化。在公平市场条件下，农地的所有者(使用者)应在国家税收政策调控下获得农地转为建设用地的大部分增值收益，由此也能够实现人口城镇化和土地城镇化的同步发展，实现人口主动向城镇集中的过程。我国农地转用中，农民(农民集体)作为土地使用(所有)者只获得了土地增值收益的较小份额，而政府、特别是地方政府，获得了大部分增值收益，这些收益绝大多数用于支持城镇发展，对我国城镇建设和城镇化率的提高具有重要作用。从土地城镇化的速度和人口城镇化速度的关系看出，城镇化率在改革以来持续提高，而城镇土地规模增长率与人口城镇化率并没有显著的相关关系(图 6—1)。可见，在劳动力(人口)要素流动相对趋向市场化的情况下(城镇人口统计口径为常住人口，

表明了对人口流动限制的弱化)，土地要素的流动更多地体现出受政策因素影响的特点。例如，在20世纪80年代初期以后，乡镇企业快速发展，改革也逐步转向城市，这一时期，城镇土地快速增加，大量占用农用地。在2000年，我国经济进入新一轮的扩张周期后，城镇土地增长率再次维持在较高水平。

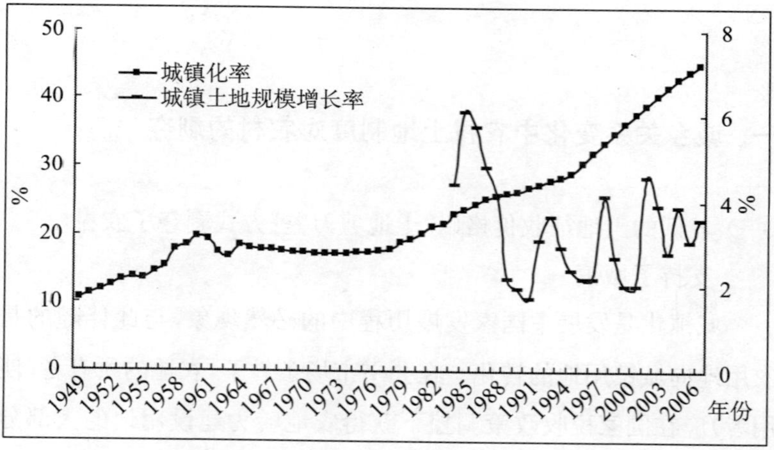

图6—1　1949年以来城镇化率与城镇土地规模增长率

在此，需要对城镇土地规模的确定加以说明。1996年以前，我国尚缺少详细的分类建设用地数据。自1996年全国第一次土地详查后，我国具有了较为详细、系统的各类用地数据。此处所称城镇土地，是指有关土地分类中的城镇、独立工矿和交通用地，将其统称为城镇类土地。对1996～2007年各年城镇类用地采用国土资源年鉴以及公报数据整理计算。对于1996年之前的城镇类用地数据确定，采用如下方法。由于在各个区域内城镇通常位于地貌、土壤、水分以及植被条件相对较好的地区，而这样的地区通常也是适宜农业生产的地区，因此，城镇周围通常为较高质量的农用地环绕，城镇用地的增加首先占用的通常正是农用地、特别是质量较优良的耕地。对于1983～1995年的城镇类用地，由于相关数据资料相对较为缺乏，能够获得的主要是有关耕地减少和建设占用耕地的数据；基于上述城镇扩张与耕地减少的关系，采用非农建设(其中包括国家基建和乡镇基建等)占用耕地数量(LT)乘以耕地减少与城镇类用地增加转换系数(TI)[①]的方法计算，得到的1983～2007年城镇类用地的变化趋势如下(图6—2)。

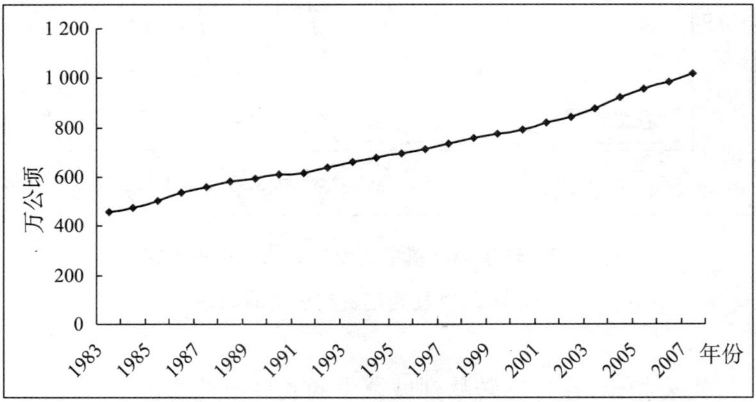

图6—2　1983～2007年城镇类用地规模变化

---

① 转换系数按1996～2007年城镇类土地的增加量除以基础设施建设占用耕地数量，计算数值为1.44。即基建建设占用1单位的耕地，大致对应于1.44单位的城镇类土地的增加(占用耕地、其他农用地以及未利用地等等)。当然，该值只是一个近似的经验值，但这也是在较长的时间跨度内的平均结果，可以用于近似估算前一时期的情况。

另外，根据第四章中对改革以来农民补偿占农用地转用增值收益比重以及土地价格的估算结果，在假定城镇类用地的增加中一半来自农用地征收①的情景下，计算转移到城镇中的农村土地增值纯收益的数额，并分别计算这一转移到城镇中的土地增值纯收益占 GDP、财政收入和固定资产投资的比重变化(图 6—3)。

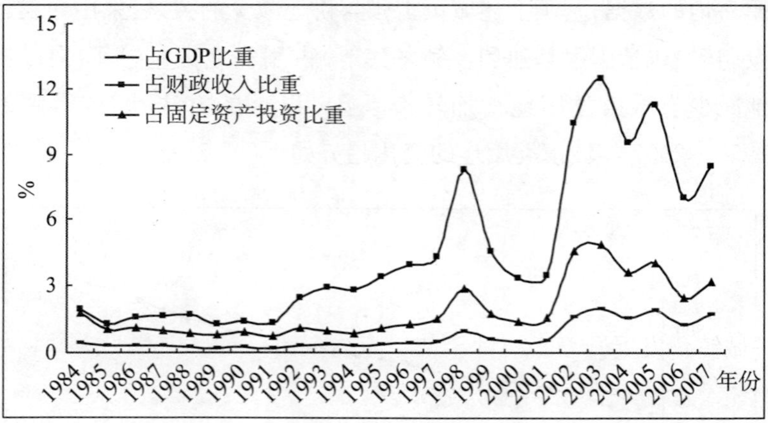

图 6—3 转移到城镇中的土地增值收益占 GDP、财政收入以及固定资产投资的比重

需要指出，在计算转移到城镇中的农村土地的价格时，由于我国土地出让中存在多种形式，估算的价格为土地有偿出让方式确定的价格，事实上，由于公益性用地的划拨性质，这些土地的价格并达不到出让土地的价格。因此，土地价格可能有所高估，但在缩

① 根据 2003～2007 年数据，计算得到征收的农用地面积占城镇类土地增加量的比重在 65%～80%，而征收耕地面积占城镇类土地增加量的比重也达到 50%。

小划拨范围、扩大有偿出让范围的制度改革形势下[①]，仍可以以这一估算价格反映转移的土地增值纯收益占相关项目的比重的变化趋势。

除了变相的资金支持外，现行农村土地制度、特别是改革开放以来的土地征收制度还对城镇化的快速和稳定发展发挥了重要作用。正因为农村集体基于成员权基础上的、均分的土地分配方式，并辅之以对农村土地使用权抵押等限制，保证了农民维持基本生存需求的土地基础，这也为在城镇无法安家落户以及因经济波动等导致就业不稳定的人口留下了就业和保障出口，维护了社会稳定，实现了城镇化较为稳妥地发展，使我国避免了世界多数发展中国家城市中普遍存在的贫民窟现象。总体上，尽管现行农村土地制度对农村的剥夺有很多不合理的方面，但这样的制度安排对促进城镇化发展乃至经济社会的稳定发展也发挥了较大作用，使我国能够在逐步完成工业化、城市化的进程中，避免了较大规模的社会暴动和在城市出现大规模的贫民窟（樊纲，2008）；因此，农村土地制度安排的问题是经济发展中的问题，也是发展历程中不断显现并需要努力解决的问题。

（二）农地非农化使耕地面积快速下降，削弱了农业生产的资源基础

对我国耕地数量的数据，存在较多争议（见第四章有关内容）。在此，根据对 20 世纪 80 年代初期我国多家调查研究机构公布的

---

① 根据国土资源年鉴数据，到 2006 年，全部有偿出让土地面积与城镇类土地增加面积的比值已经达到 82.5%（也就是说，新增建设用地的绝大部分都是市场方式决定的），而 1999 年，该值在 25%左右。

数据，假定1983年耕地数量为13 500万公顷，1986～1996年我国第一次土地详查前，原国家土地管理局每年公布全国耕地增减数据，根据这一数据，结合1996年详查数据，可以推算1986年以来各年耕地数据，假定1984和1985年耕地减少量相同，据此得到1983～2007年全国耕地变化情况(图6—4)。

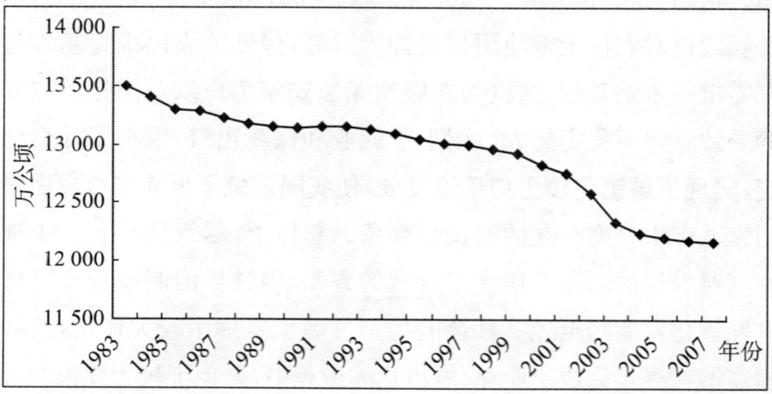

图6—4　1983～2007年估算耕地数量变化

根据这一估算的结果，1983～2007年，我国耕地面积减少总量达到1 326万公顷，耕地净减少量高达9.8%。建设占用是耕地减少的重要原因，1985年以来，建设占用耕地面积占耕地净减少量的30%～40%。在1985～1990年以及2000年以来，耕地减少速度较快，2003年，年耕地减少速率超过2%。在耕地迅速减少、人口持续增加的双重影响下，我国人均耕地持续下降，由1983年前后的0.13公顷持续下降到0.09公顷，下降幅度高达30%，耕地面积的持续下降削弱了农业生产的资源基础。其中，如果把建设占用耕地数量作为土地征收对人均耕地下降原因之一,那么根据上述计算,仅由这一因素导致的人均耕地下降的幅度就将近5%。所幸的是,在人口城镇化的带动下,农民人均占有的耕地面积经历了先减小后增大的过程,由1983年的0.16公顷下降到1995年的0.15公顷,之后又逐步增加到2007年的0.16公顷,这一方面是由于人口城镇化使农村人口比重(甚至绝对数)下降;另一方面,也与城镇人口统计口径上的变化有关。但无论如何,在未来城镇化不断发展的情况下,农民人均耕地将大致呈现逐步上升的态势。

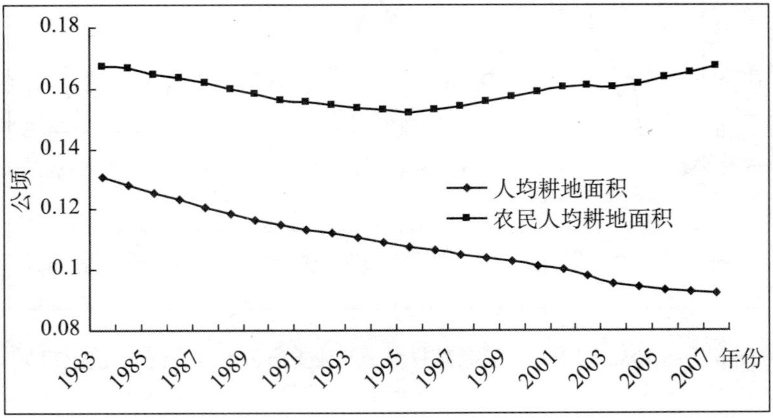

图6—5　1983年以来人均耕地和农民人均耕地变化

最后,在城乡投资结构上,由于我国发展历程中严重的城市倾向,长期以来,土地有偿出让收入主要用于城镇建设和发展,忽视了农村,这固然与城镇具有集聚经济的优势、对投资具有较强吸引力有关，但同时也表明了在投资上，特别是一些基础设施投资上，农村长期受到忽视。例如，作为经济实力很强的直辖市的北京市，基础设施投资在城区和郊区的投资比例大致在70∶30。在一系列支农惠农政策支持下，到2006年前后，也只调整到50∶50的比例。从国家财政用于农业支出的比重变化看，自改革以来，财政支农比重呈现先增加、后减少，近年来又略有增加的趋势（图6—6）。

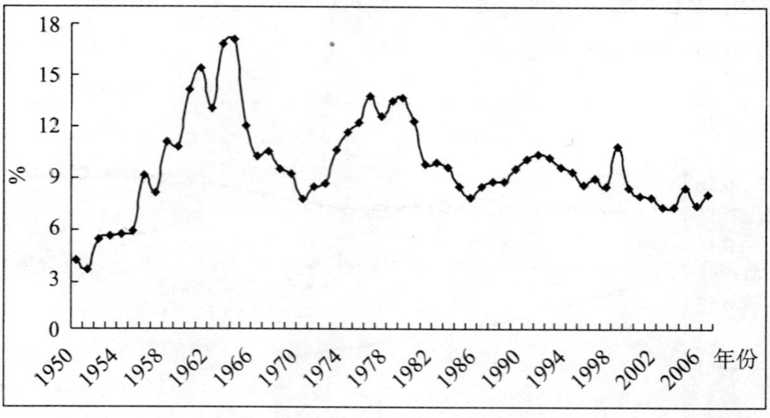

图6—6 1950～2006年国家财政用于农业支出占财政支出的比重变动

二、城乡关系变化中农村土地制度对农村发展变化的积极影响

现行农村土地制度安排对优化城镇发展环境、解决城镇建设资金问题具有重要作用，从而在一定程度上加快了城镇建设

的步伐。虽然在长期“二元”结构的制度惯性影响下，城乡之间的壁垒仍未消除，但快速发展的城镇化通过“扩散”或者“涓滴”效应(G. Myrdal, 1957)对农村发展发挥了积极作用。可以说，快速发展的城镇化所产生的“时间效率”在一定程度上弥补了农民因制度不公而导致的损失，这或许多少具有“卡尔多—希克斯”改进的特征。具体而言，农村土地制度对农村发展的积极作用表现在以下方面。

(一) 土地制度安排促进了农民就业的多元化，增强了农民抵抗不稳定的能力

在农地经营制度上，自家庭联产承包责任制实施以来，广大农村集体实行土地的平均分配，来自农业的收入一直是农民收入的重要组成部分。根据对国外发展经验的总结，在土地私有的多数发展中国家，土地的买卖抵押最终导致 30%～40%的农民离开土地，并成为失业人口甚至“流民”(樊纲，2008)。我国的农村土地制度安排较好地避免了这一状况。在土地征收制度上，虽然土地增值收益分配的城市倾向一方面成为土地快速城镇化的“推手”，剥夺了农民利益；但另一方面，城镇化的较快发展也创造了更多的非农就业岗位。农地经营制度上的后向拉力和土地征收制度上的前向推力最终形成了农民就业的多样化，图 6—7 显示了自 20 世纪 60 年代以来，农村非农就业的变化态势[①]，20 世纪 60 年代，在人

---

① 以第一产业从业人员作为乡村农业从业人员，以乡村从业人员减去第一产业从业人员代表农村非农就业。

民公社时期，几乎全部的农村劳动力都被限制在农业就业领域，农村非农就业比重不足1%。改革以来，随着城镇发展和对人口流动限制的逐步放松，乡村非农就业比重快速增加，1978～2007年，该比重在波动中由8%左右上升到近35%。

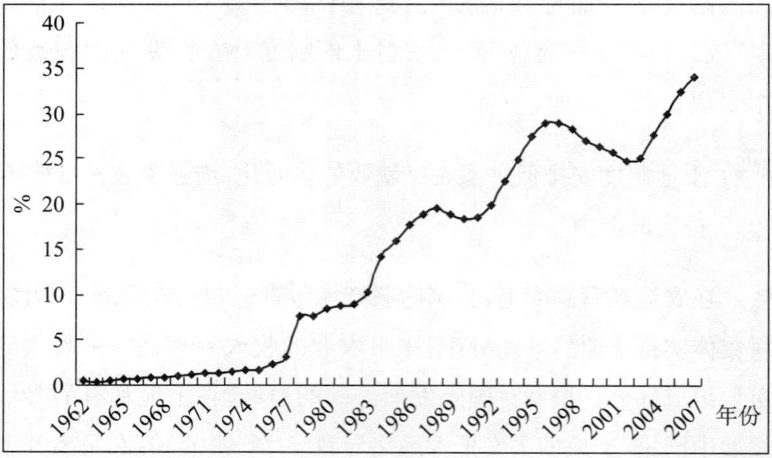

图6—7　乡村非农从业人员比重

农村非农就业的增长与城镇类土地的增加具有密切关系，对农村非农就业比重的增长率与城镇类土地增长率的相关分析表明，在0.05的显著性水平上，二者相关系数为0.423。给出1985～2007年的农村非农就业增长率和城镇类土地增长率的散点图（图6—8）。经格兰杰（Granger）因果检验，在滞后一阶的情况下，可以认为城镇土地增长率是农村非农就业增长率的格兰杰关系（$F=5.35$，$P=0.03<0.05$）。

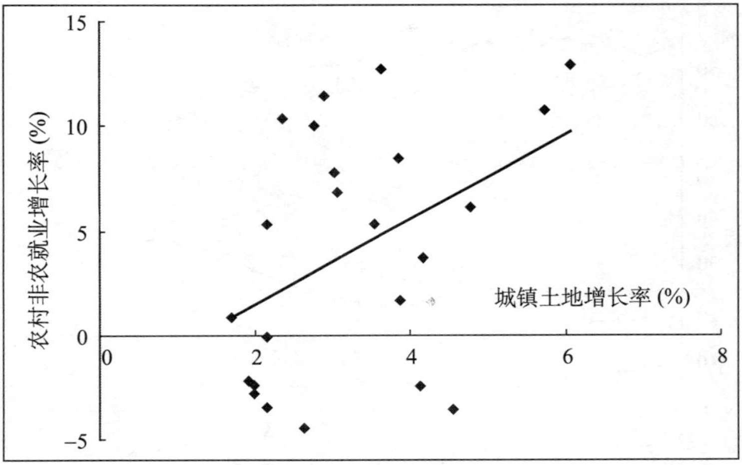

图 6—8　农村非农产业就业增长率与城镇类土地增长率

此外，多样化的就业也使农民收入呈现多元化特点，根据农村居民收入来源，将农村居民收入分为工资性收入、家庭经营收入以及转移和财产性收入三个部分。自改革以来，农民各部分收入结构变动如图 6—9。家庭经营收入由改革初期的 75％下降到当前的 60％以下，工资性收入比重则由 15％左右上升到近 40％，转移和财产性收入比重基本稳定在 5％～10％。作为存在显著变化的工资性收入和家庭经营收入，正是存在“二元”结构情况下，城乡之间存在农村向城市方向的“候鸟式”的劳动力流动的结果。

农民收入来源的多元化增强了农民抵抗经济周期性波动等不稳定性的能力，农地的保障功能在一定程度上形成了对社会保障的替代，也使农民避免陷入类似于多数发展中国家普遍存

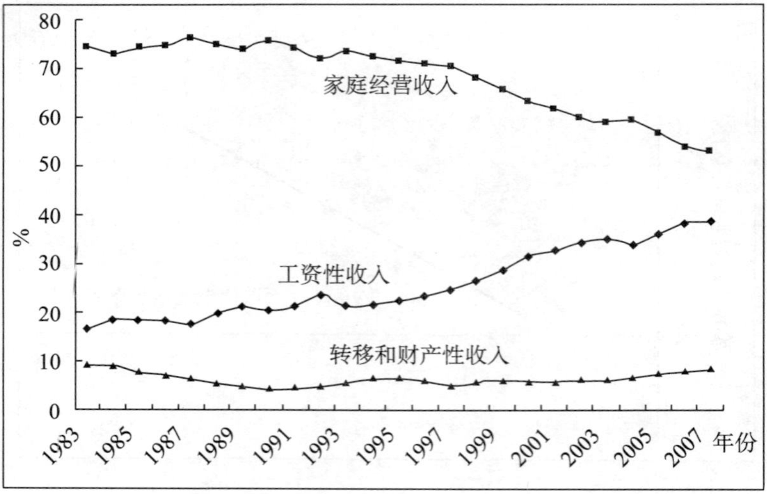

图 6—9　1983～2007 年农村居民收入结构变动

在的、缺乏保障的城市贫民的境地。在此，以巴西为例，说明在其土地制度安排下的社会分化情况。根据巴西应用经济研究所的数据，到 2000 年，在城市化率超过 80%的情况下，巴西仍有 4 600万人生活在贫困线以下，即月收入低于 80 雷亚尔（35 美元），占全国人口的比例几乎达到 1/3。其中，贫困人口中：农村有 1 500 万人（几乎占农村人口的一半），在中小城市 2 200 多万人，在大城市 900 多万人。农村普遍存在的贫困现象，与其土地制度有重要关系。在私有土地制度下，经过较长时期的兼并过程，农村土地占有严重不平等，大量农民无地、少地。根据巴西地理统计局的数据，1996 年占农民 1%的农村大土地所有者，拥有土地面积占农村土地总面积的 45%。到 2003 年，巴西的土地占有结构是：面积低于10公顷的农户占全部农户的31.6%，土地占全部土地的1.8%；而面积超过2 000公顷的0.8%的农户却占有全部土地的31.6%（韩俊等，2005）。较为艰难的处境使农村中小农户和无地农民、特别是无地农民普遍贫困，而他们也构成了流向城市贫民窟的主力。

（二）现行土地制度安排为农村集体探索土地利用方式留下了空间

在农地经营制度上，我国实行的家庭联产承包责任制具有广泛的适应性和旺盛的生命力，能够适应不同生产力发展水平。在我国各地自然资源条件、经济发展条件存在巨大差异的情况下，在家庭联产承包责任制的总体框架下，各地积极探索适合自身特点的农业经营方式，无论是一家一户的小农化生产，还是通过土地流转实现的规模经营，都在这一框架下找到了合适的"土壤"。但家庭联产承包责任制是特定历史条件下多方博弈的结果，是尚未完成的制度改革。因此，各地探索积累的经验对其他类似区域具有借鉴意义，正如从第三章对农村经营制度回顾中看到的，贵州湄潭的"不增不减"的经验探索对我国在家庭联产承包责任制下完善土地承包经营制度提供了经验。

在农村建设用地使用上，由于现行征地制度下农民集体只能获得较少的收益，而《土地管理法》有关农村建设用地可以以联营方式进入市场的特别条款为农民集体把建设用地增值收益留在集体内部提供了便利。正是在这样的制度安排下，各地特别是沿海发达地区的一些农民集体，以不同方式探索集体建设用地增值的模式。例如,江苏昆山模式,以农村建设用地招标,由农民联合投资,建设标准厂房用于出租,这一方面为农民集体提供了长期稳定的收益,另一方面也降低了厂商的成本;而广东南海模式也具有类似的特征,1992 年,南海市开始试行土地股份制,即以行政村或村民小组为单位,将集体财产及集体土地折成股份集中起来组建股份合作组织,然后由股份合作组织直接出租土地或修建厂房再出租,集体组织成员出资入股,凭股权分享土地非农化的增值收益。这样,集体土地不用经过国家征地就可直接转为建设用地。根据统计,到 2002 年,南海全市工业用地共 15 万亩,其中保持集体所有的达 7.3 万亩,将近一半。南海模式和昆山模式的不同之处在于土地转用的主体分别是集体和农民个人。相同之处是都把农村集体建设用地的增值收益留在了农民以及集体内部。

我国改革发展的经验也证明了尊重农民首创精神的重要意义。农村集体对土地利用方式的积极探索是农村制度改革的重要力量,也为农村制度改革积累了经验。农民集体对农村土地制度创新的探索为我国"上下互动"推进制度改革创造了条件。

第二节 改革前农村土地制度对城乡差距的影响

对改革前土地及其制度要素对城乡关系的影响,由于缺乏有关城镇建设用地方面的完整资料,难以通过上述回归方程形式准确测算土地以及制度要素对城乡居民收入的影响。在此,借鉴已有相关研究,采用描述性分析,大致估算制度因素对城乡差距的"贡献"。在计划经济体制下,城乡之间要素缺少流动,城乡二元结构不断固化，城乡之间除了以"剪刀差"方式实现的农村向城市的资本流动外，人口和其他要素较少流动。在土地要素上，由于未利用地的开发，使得耕地水平并未下降，虽然城镇扩张占用了大量农地，但农地，特别是其中的耕地，得到了及时的补充①。这一时期，城乡收入差距几乎全部与制度性因素紧密联系在一起，所以采用这种用描述性方法分析各种相关制度对城乡差距的影响具有一定的合理性。

在改革前，农地主要收益来源于农业生产。虽然经历了短暂的土地私有时期，但更长时期内在农村实行土地的集体所有制，土地征用并未直接与农民收益联系起来。因此，只考虑农地农业生产对城乡收入差距的影响，这也符合改革前农民收入来源以农业为主的阶段。农村土地制度对城乡居民收入的作用通过对农业生产和农业收益分配的影响而实现。在生产上，通过激励作用激发不同的要素投入和配置状况，进而影响农业生产效率；在分配上，发挥控制性作用的制度约束直接影响甚至决定分配，农民对农业生产收益的分享比例直接决定了农民收入水平。

一、农业生产效率对城乡差距的影响

在此采用的方法类似于反历史事实的方法(黄少安等，2005)，即假定分配制度不变，以具有较高生产效率的农地制度安排替代整个历史时期的制度安排，估算制度安排不发生变化的情况下的实际产出水平，并计算其对农民收入的影响状况。

---

① 参见第四章有关内容。

(一) 农业总要素生产率与农村土地制度

温(Wen,1993,转引自林毅夫,2008)估算了1952～1988年的农业总要素生产率指数(*NTFP*),计算方法为以农业总产值指数(*NO*)除以农业总投入指数(*NI*),总投入指数为以劳动(*L*)、土地(*R*)、资本(*K*)和流动投入(*F*)指数按照一定的权重加权计算。对各项投入的权重,研究者给出了众多组合(林毅夫,2008),在此,各要素的权重采用了0.5、0.25、0.1、0.15这一结果。据此,*NTFP*的计算公式为:

$$NTFP=\frac{NO}{NI}=\frac{NO}{0.5L+0.25R+0.1K+0.15F}$$

根据给出的数据,经计算整理后,得到1952～1983年农业投入、产出以及要素生产率指数,将计算结果反映在如下图中(图6—10)。

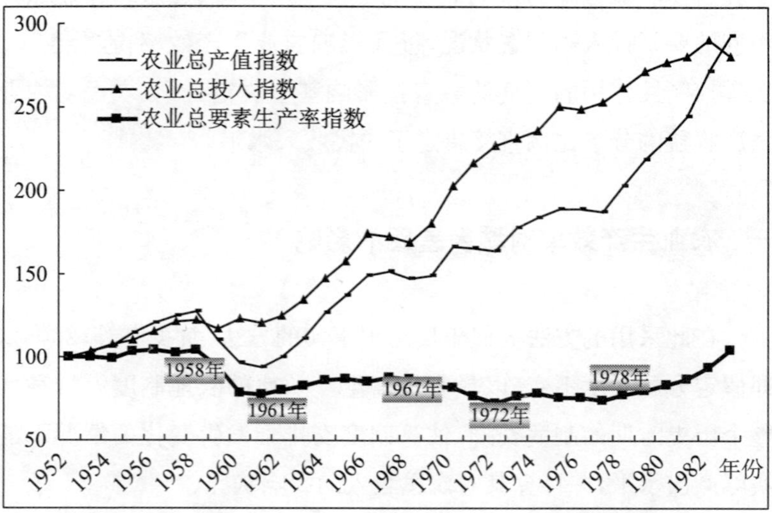

图6—10　1952～1983年中国农业产值、投入以及生产率指数变动

根据第三章对农村土地制度变迁过程的阐述，并结合上述农业总要素生产率，分析农村土地制度要素对生产效率的影响。诚然，这种生产效率的变化实际上是多种二元结构制度——包括统购统销、户籍等制度，甚至也包括技术进步要素——综合作用的结果，但对农村土地这一基本农业生产资料的控制制度在这些制度中起到极为重要的作用。1952～1958 年，是农业合作化运动时期，虽然 1956 年以后的高级社阶段已经具有了人民公社时期的一些性质，但由于这一时期合作化的极快发展，这种制度效应事实上具有滞后性。而且，根据相关法律规定，即使是高级社阶段，农民仍具有退社自主权，因此，我们大致仍可以把这六年间的合作化看作具有自愿性质，这一时期也正是农业总要素生产率不断提高的阶段，而且是改革前最高的阶段。如果将 1959～1961 年的人民公社称作过度集体化（图 3—9），这一时期，是土地所有权单位最大的时期，而在农业总要素生产率上，则是快速下降的时期，相比前一个时期的总要素生产率下降幅度高达 25%。1962～1966 年，是过度集体化适度退却的时期，即“人民公社六十条”时期，这一时期农业总要素生产率有了恢复性提高。随后开始的“文革”在一定程度上“架空”了“六十条”，体现在农业总要素生产率上，则是导致了 *NTFP* 的下降，其中，1972 年是农业总要素生产率最低的年份，相比 1952 年下降了 28%。1978 年开始的农村改革逐步破除了人民公社制度，1983 年人民公社从法律上正式解体，这一时期，农业总要素生产率持续上升。

(二) 较高农业总要素生产率假定下的城乡收入差距估算

1952～1958年是改革前农业总要素生产率最高的时期，以1952年为基期，这一时期的平均农业总要素生产率为101.9；1959～1962年的平均农业总要素生产率指数下降到82.6，自1962年开始实施“六十条”后，到“文革”开始后的一年[①]，平均农业总要素生产率又有所提高，达到85.8；1968年开始直到改革，是平均农业总要素生产率最低的时期，仅为78.1；1979～1983年人民公社彻底解体，农业总要素生产率又有大幅度提高(表6—1)。1984年后，农业总要素生产率已经超越1958年。

表6—1 1952～1983年不同时期农业总要素生产率平均值(1952年=100)

时期	1952～1958	1959～1962	1963～1967	1968～1978	1979～1983
生产率指数	101.9	82.6	85.8	78.1	89.9
制度政策背景	自愿或准自愿的合作化	人民公社初期，大跃进	公社适度退却—六十条	“文革”—六十条名存实亡	人民公社逐步解体

假定1959～1978年不同时期农村土地及经营制度能够保持不变[②]，农业总要素生产率能够在土地制度不变的情况下保持

① 制度以及政策的影响具有后效性，即当年的制度政策影响通常自下一年开始显现出来。在时期划分上，大致按照政策实施后下一年开始为一个新的时期，对比图6～10展现的农业总要素生产率的变动趋势，大致也可以发现政策影响的这一效应。

② 事实上，统购统销制度在1953年就已经建立，而1960年后，国家还数次提高粮食统购价格，所以，从这个意义上说，1958年后农业总要素生产率的下降应该是农村土地以及相关经营制度变化所致。

1952～1958年的水平，农业总要素生产率的提高能够使农民在分配制度不变的情况下，来自集体经营部分的收入有相应比例的提高。在此，需要说明的是，自留地经济在改革前的农村经济活动中发挥了重要作用，虽然自留地的比重很小，自留地事实上成为缓解农村危机的重要出口①。根据《建国三十年农业统计资料》，1962和1979年，自留地占集体土地的比重都在6.5%左右，但即使在要求取消"三自一包"的"文革"时期，事实上仍有一些地区保留有自留地，这一时期全国各地区是否保留自留地，可能存在较大差异，同样根据这一统计资料，1970年和1975年两个年份全国农村自留地的占集体土地的比重甚至仍达到5.5%。以自留地和部分家庭副业为基础的农民家庭收入在改革前对农民收入具有重要意义。在1958年以前，农民来自家庭经营收入的比重大致在30%以下，事实上，如果在退社自由的情况下，这一时期农民家庭自留地农业生产效率应与集体土地上农业生产效率大致持平。到1958年后，高度集中的人民公社初步建立，在严重平均主义的分配制度下②，"集体偷懒"成为农民的"理性选择"，而从这一时期之后的自留地和集体地的生产效率出现分化，结果应是自留地较高的生产效率和集体地较低的生产效率③。1958年取消自留地，全部收归生产队所有，这也是造成

① 人民公社时期，自留地成为农民在集体劳动后收入来源的重要基础，而自留地也成为农民在集体地上"集体偷懒"后努力劳动的"基地"。

② 例如，甘肃秦安县刘坪公社书记贾殿国称："劳动不如养娃娃，养一个娃娃多一份口粮……劳动的人反而要挨饿"，引自《宋平在甘肃》。

③ 从这一时期很多地区的民间流行的顺口溜可以看出这种差别，例如，"自留地里关公要刀，集体地里苍蝇拦绊跤(偷懒)"。

1958 年后农业危机的重要原因。到 1962 年 9 月，又恢复了自留地，是年，农业家庭经营收入占全部收入的 41.1％，这可能是在生产资料全部公有后，农民的“集体偷懒”使来自集体的收入大大下降，而来自家庭经营收入（主要是家庭副业）比重上升。1962 年之后的农业总要素生产率有所上升，自留地比重大致在 6.5％左右，农民家庭经营收入占全部收入的比重大致在30％～35％；“文革”后，由于对包括自留地在内的“资本主义尾巴”的严重限制，使得家庭经营收入比重大大下降，1976 年的 20％左右的水平，大致能反映这一时期的家庭经营收入比重（图 6—11）。总之，虽然不同时期自留地以及家庭副业都或多或少地作为集体地的补充而存在，但根据以上分析，不同时期“两种”土地上的生产效率存在巨大差距，1958 年前“两种土地”上的要素生产率大致相同，而 1958 年后，以自留地等为基础的家庭经营仍能维持较高的效率（至少能维持 1958 年前的农业要素产出效率），而集体地上的效率则大大下降，因此，假定这一时期土地制度改变（即恢复到 1958 年前的土地经营制度），那么，存在效率改进空间的是集体地。因此，在反历史事实的假定下，农民收入能够提高的部分是来自集体的部分。根据前述对农民来自家庭经营收入的比重的计算，1958 年前，家庭经营收入占全部纯收入的 25％～30％；1958～1961 年和 1968～1978 年，农民来自家庭副业的收入比重为 20％～25％（实际计算中，1958～1961 年取 1976 年的值 20％，1968～1978 取 1976 年和 1977 年的平均值 23％）；1962～1967 年，该比重为 35％。

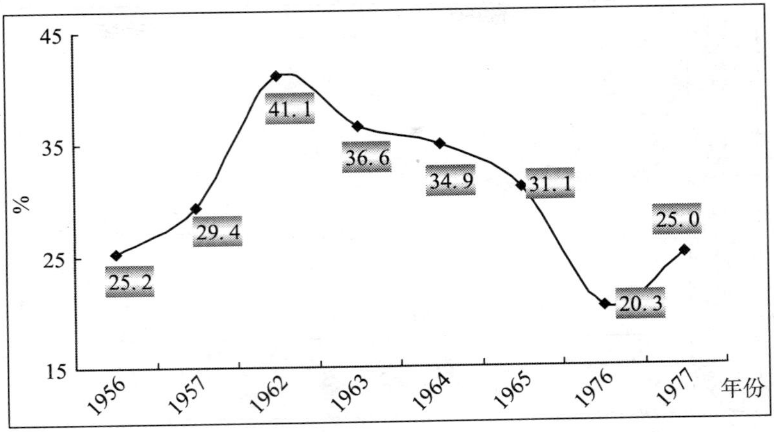

图 6—11　部分年份农民来自家庭经营纯收入的比重

在 1958 年后直到 1978 年前，各时期农业总要素生产率能够恢复到 1952～1958 年的平均水平，并且来自集体收入部分能够有相应程度的提高的假设下，重新计算农民人均纯收入（NI'），计算公式为：

$$NI' = \frac{NTFP_{t0}}{NTFP_t} \times NI(1-P) + NI \times P$$

其中，$NTFP_{t0}$ 为 1952～1958 年的平均农业总要素产出率，$NTFP_t$ 为对应时期的平均农业总要素产出率，NI 为农民实际人均纯收入，P 为家庭经营收入占纯收入的比重。据此，计算得到 1952～1978年，各年农民人均纯收入，并进一步计算出新的城乡收入比，新的城乡收入比与原城乡收入比的对比关系如图 6—12。

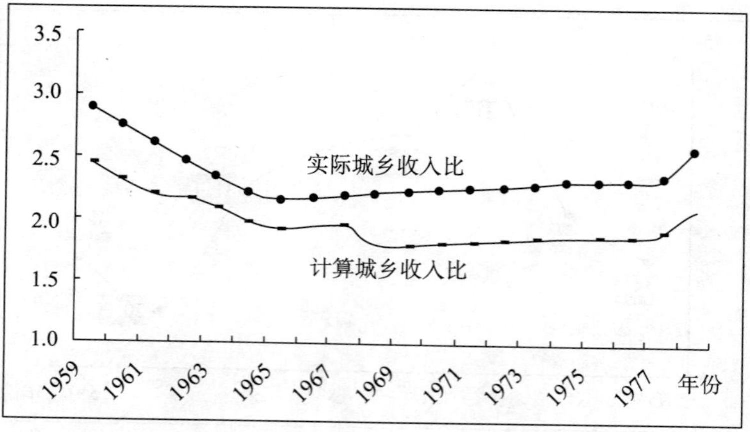

图 6—12 假定土地制度改变下城乡收入比与实际城乡收入比对比

结果显示，在新的制度假定下，新的城乡收入比相比原城乡收入比有较大下降，下降幅度大致在 12%～19%，换言之，如果 1959～1978年的土地制度因素不变，城乡收入差距的水平大约下降 15%。诚然，这种假设也只是在假定城市生产以及分配制度没有变化的情况下的结果。事实上，1958 年，农村建立了人民公社后，在城市，对资本主义工商业的社会主义改造也完成了，整个城乡经济系统都被纳入计划经济体制下，由此导致城市居民收入也由计划确定而非由市场机制决定。正如在第三章城乡收入差距变化有关部分看到的，1958 年后到 1978 年的这一时期，反而是城乡收入差距最小的时期，显然，这种差距的缩小不是源于农村居民收入水平的大大提高，而是来自于对城市居民工资进行计划控制所导致的城市居民收入水平的下降，以及农民对农业收益份额分配的比例变化(见下文)。

二、农业生产收益分配制度对城乡差距的影响

产权决定了对资产收益的分配,农地制度因素对农民收入影响的另一个途径就是基于制度对产权结构的界定,对农民获得的农业生产收益份额的影响。当然,对收益份额的最终影响是以土地制度为基础的其他制度设计而实现的,在我国计划经济时期,农业收益份额的分配主要通过统购统销制度实现。人民公社框架下的组织制度和统购统销的农产品流通制度使国家能够方便地提取农村农业剩余,这一时期,以"剪刀差"为主要形式的农业剩余支援了城市和工业发展。

从新中国成立初期到1958年前后,城乡差距有迅速扩大的趋势,原因分析见第三章有关内容。从农民对农业收益分配份额的变化[①]看,这一收益份额也与城乡收入差距有着显著相关性(图6—13)。1952～1960年,农民农地收入份额一直在45％～50％左右,而这一时期的城乡居民收入比大致在3左右;从1961～1978年,农民享有的份额则一直在65％左右,最高的年份可达70％,这一时期,城乡居民收入比大致在2.2～2.5;两者之间的相关系数高达－0.9,回归方程表明,农民农地收益份额对城乡收入差距变动的解释量达到80％。

① 参见第四章图4—9有关内容。

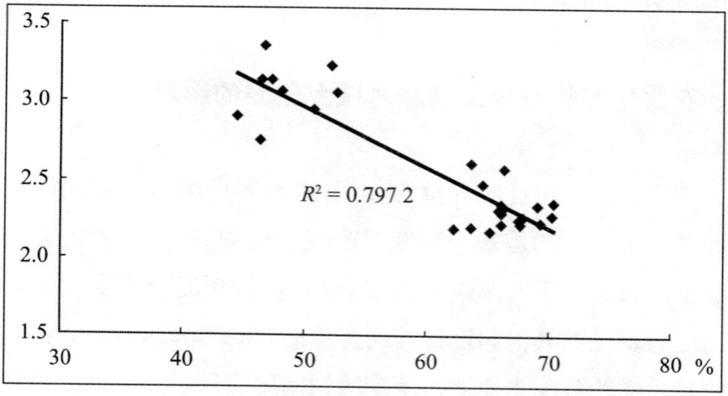

图 6—13 城乡收入差距与农民农业生产收益份额关系

如果抛开对这一时期政府收取农业税费高低标准合理性的争论，即认定政府收取税费是合理的，这些税费是农民从事农业生产必须承担的部分；但把通过"二元"制度性因素获取的"价格剪刀差"部分作为制度影响部分，并分析把中央政府通过价格剪刀差部分转移给城镇和工业部门的收入重新分配给农民后，农民的实际人均收入状况如何变化，之后，计算新的收入状况下的城乡居民收入差距。结果表明，在这一假定下，城乡居民收入差距将由 2.2～3.3 的水平大幅度下降到 1.6～2 左右，下降的平均幅度超过 25%，而下降幅度最大的时期为新中国成立初期到 1960 年前后，新的城乡收入差距将比实际城乡差距下降了 40%左右，这一时期是工农业产品价格剪刀差占农业生产值比较大的时期；下降幅度相对较小的时期主要在 20 世纪 70 年代以后，这一时期，我国工业已经取得了较为长足的发展，工农业产品价格剪刀差有所下降，但如果按照新的城乡收入差距与实际城乡收入差距相比，下降的幅度仍然将近20%（图6—14）。

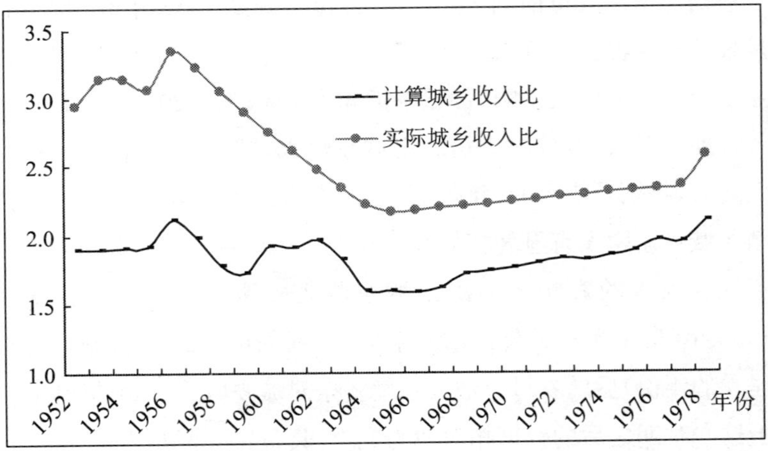

图6—14　剪刀差赋予农民后的城乡收入差距与实际城乡差距对比

总之，如果综合土地制度要素的上述两种影响，那么，在1952～1978年期间，城乡居民收入比下降的幅度预计在30%～40%，新的城乡收入比将下降到1.5～2的水平，将较为符合多数经济学家界定的在城乡"二元"结构下的发展中国家的城乡居民收入差距的范围。

第三节　改革以来农村土地制度对城乡差距的影响

1978～1983年，城乡收入差距持续下降，下降幅度近30%。

1983 年也是新中国历史上城乡差距最小的年份。价格因素对农民收入增加贡献很大(谢伏瞻,1994),这一时期的剪刀差值占第一产业增加值由改革前的 30%左右迅速下降到 1983 年的 16%,也是最低的年份。家庭联产承包责任制这一“准土地制度要素”对农业生产产生了巨大影响,贡献率近 40%(林毅夫,2008)。可见,改革初期,农地收益分配仍是决定城乡收入差距的关键因素。但在此之后,特别是进入 90 年代后,农民在农地生产收益中的分配份额与城乡差距没有显著相关性。农地转用收益分配及其对农民工资性收入等的影响成为决定城乡收入差距的关键因素。对于 1983 年(是年为人民公社彻底解体、农村新的土地经营制度完全建立的年份)后的农村土地及制度要素对城乡收入差距的影响,由于这一时期之后的数据相对较为完整,具备建立回归方程、并通过方程定量分析土地及其制度要素对城乡居民收入影响情况的条件。

一、包含土地及其制度要素的城镇居民收入回归函数

居民收入与总产出水平是紧密相关的,研究居民收入决定上,常用的有明瑟(Mincer)函数,万广华等(2005)曾把柯布—道格拉斯(Cobb-Douglas)函数中的土地以及资本等要素引入明瑟函数研究农村居民收入决定机制。而明瑟函数主要用于对个体收入决定的研究。在此,基于收入与生产间的密切关系,并考虑到研究主要基于全国尺度的历时数据,因此,我们采取生产函数的形式对收入进行回归分析。

（一）变量与数据说明

引入土地以及制度要素后的 C—D 生产函数形式为：

$$Y_U = R_1^{\alpha 1}(T_U, L_U)^{\beta 1} K_U^{\gamma 1} I_{NA}$$

其中 R_1 为城镇土地，I_{NA} 为与城镇发展直接相关的农村土地制度中的有关安排。在此，以城镇居民人均收入替代生产函数中的总产出，而由于因变量（人均）是暗含了人口（劳动力）状况的数据，因此，在进行回归分析时，以资本、城镇土地和土地制度要素城镇人均收入作为自变量。

由于农地转用过程中利益分配上的城市倾向，政府获得的收益，特别是地方政府收益，主要用于城市发展建设，因此，以农地转用中的政府增值收益比重代表城市倾向的土地制度（I_{NA}）。另外两个分析变量分别为资本存量和城镇用地。分析时段为 1983～2007 年，资本存量数据根据郭庆旺（2004）估计的结果，2004～2007 年资本存量增加量采用永续盘存法估计，计算公式为：

$$K_t = (1-\delta)K_{t-1} + I_t$$

其中，K_t 为 t 年固定资本存量；δ 为折旧率，按 5%计算；I_t 为 t 年固定资产投资。对城镇土地，采用的口径是有关土地分类中的城镇、独立工矿和交通用地，在此，将其统称为城镇类土地，数据结果见本章第一节部分有关内容。

（二）回归方程

以城镇居民人均收入为因变量，固定资本、城镇土地和政府获得的农地转用收益的比重为自变量，建立回归方程，结果如下：

$$\ln f_u = -12.589 + 0.687 \ln cap + 0.748 \ln ulan + 0.0226 tqgov;$$

$$F = 329.9, Adjusted\text{-}R^2 = 0.97$$

其中，f_u 为城镇居民人均收入，cap 为资本存量，$ulan$ 为城镇工矿用地规模，$tqgov$ 为土地转用中政府收益比重。对回归方程各变量的 P 检验表明，cap 和 $ulan$ 的 P 值都较大，分别为 0.2 和 0.07，大于 0.05；$tqgov$ 的 P 值为 0.034。就方程总体的检验看，F 值较大，调整后的 R^2 也较大。虽然 cap 和 $ulan$，尤其是 cap 无法显著通过变量检验，但基于回归方程的总体检验，我们姑且接受回归方程。

二、包含土地及其制度要素的农村居民收入回归函数

与城镇居民收入不同，农村居民收入包括由不同机制决定的三种收入来源。农民的工资性收入的影响机制与城镇居民收入有类似之处，但少了制度上的"照顾"，城镇居民相对获取工资性收入的农民而言获得了制度工资。对于家庭经营收入，农业收入是其中重要的部分，这两部分收入构成了农民收入的绝大部分，占到农民纯收入的比重 90%以上。

（一）变量与数据说明

类似于城镇居民收入函数形式，农民工资性收入和家庭经营收入的决定分别具有如下函数表达形式：

$$Y_{A1} = R_2^{\alpha 2}(T_{A1}, L_{A1})^{\beta 2} K_A^{\gamma 2} I_A; Y_{A2} = R_1^{\alpha 3}(T_{A2}, L_{A2})^{\beta 3} K_U^{\gamma 3}$$

其中，Y_{A1} 代表家庭经营收入，R_2 为农用地（以耕地替代），I_A 为农

民获得的农业生产收益份额，代表土地制度要素。如同对城镇居民人均收入的回归，自变量并未直接包含劳动力数量。农民工资性收入主要是农民非农就业收入，大致可以认为由乡村从业人员中扣除第一产业从业人员的、以在城镇中就业的流动人口为主体的劳动力创造，因此，非农就业比重影响着这部分收入的多少，这一比重可以作为回归分析的自变量。家庭经营收入以农业性收入为主，也包括一定数量的家庭从事服务业所获得的收入，这两种收入都是以家庭供给外出打工劳动力后的劳动力创造的收入，相对农业收入应具有相同的供给弹性，因此，用生产函数的形式进行回归；除耕地变量外，以化肥施用量代表资本投入，并以农民获得的农业收入的份额作为制度变量；农村第一产业从业人员占全部农村从业人员的比重则类似于劳动力因子，作为自变量。转移性和财产性收入影响因素包括以耕地占有量为基础的农业补贴、财产性收入等，在进行回归分析时，选取的自变量包括恩格尔余值①、耕地数量，耕地数量的估计参见本章第一部分有关描述。

（二）回归方程

分别以农村居民工资性、家庭经营性以及转移和财产性三部分收入为因变量，与相关影响因子进行回归分析，结果如下：

$$\ln f_{r-w} = 42.643 + 2.086 \ln cap + 3.760 \ln ulan + 0.0205 ononagri$$

$$F = 484.4, Adjusted\text{-}R^2 = 0.984$$

① 定义“1—恩格尔系数”为恩格尔余值，是家庭扣除基本生活费用后的可支配收入份额，这类收入具有财产积累性质。

$$\ln f_{r-h} = 6.098 + 1.485\ln fer - 0.933\ln alan - 0.00302 ocuagri + 0.0029 qpea$$

$$F = 113.3, Adjusted\text{-}R^2 = 0.934$$

$$\ln f_{r-t} = 244.13 + 0.0069 reseng - 25.3\ln alan$$

$$F = 44.5, Adjusted\text{-}R^2 = 0.79$$

其中，f_{r-w}，f_{r-h}，f_{r-t}分别为工资性、家庭经营性以及财产转移性收入；*ononagri* 为农村非农就业比重，*fer* 为化肥施用量；*alan* 为耕地面积，*ocuagri* 为第一产业从业人员占农村劳动力比重，*qpea* 为农民农业生产收益份额，*reseng* 为恩格尔余值，*tqpea* 为农地补偿占土地纯收益比重。对回归方程变量的 P 检验表明：在工资性收入回归方程中，*cap*、*ulan*、*ononagri* 的 P 值分别为 0.01、0.08、0.102，资本项能通过显著性检验，城镇类土地项 P 值虽大于 0.05，但相差不大，非农业就业比重项则较大，大于 0.05，不能通过显著性检验，但考虑到以下分析的需要，仍保留了该项，另外，该项的系数很小，对结果影响较小；在家庭经营收入回归方程中，*fer*、*alan*、*ocuagri*、*qpea* 的 P 值分别为 0、0.4、0.01、0.017，都能通过显著性检验；在家庭转移和财产性收入中，*reseng*、*alan* 的 P 值分别为 0.08 和 0.01，*reseng* 项 P 值略大于 0.05，暂且接受其通过检验，而且该项系数很小。对三个方程总体的调整 R^2 和 F 检验都能显著通过，表明回归方程合理。

三、土地以及制度要素对城乡收入差距作用程度估算

根据以上对城镇居民收入和农村居民各分项收入的回归分

析结果，计算土地及其制度要素对城乡居民收入变化率的总贡献率，进一步估算土地及其制度要素对城乡居民收入差距扩大的贡献。

根据相关统计资料，1983～2007 年，城乡居民收入比由 1.82 增加到 3.33，收入差距呈现在波动中不断扩大的态势；期间，城镇居民收入增长 24.4 倍，农村居民收入增长 13.4 倍，在农民收入各项构成中，工资性收入、家庭经营收入和转移及财产性收入分别增长 31.2、9.5 和 12.4 倍。根据以上回归方程系数和各变量变化率，土地及其制度要素对城镇居民收入增长的贡献率为 10.5%。在农民收入构成中，转移性和财产性收入占农民收入的比重变化很小，基本稳定在 5%～9%，而且，转移性和财产性收入在一定程度上是附着于工资性收入和家庭经营收入，并在很大程度上由二者的最终余值决定。1983～2007 年，农民收入构成中，比重发生相对变化的主要是工资性收入和家庭经营收入，而这两部分的收入也正与土地制度的变化有关，其中，虽然农地征收补偿占土地价格比重下降，但工资性收入通常随城镇土地规模（城镇化率）增加而增加；家庭经营收入则受流动性投入要素（以化肥施用量代替）、农地保有面积、农业产业从业人员比重、农业收益分配份额的影响。计算得到，土地及制度要素对农民工资性收入变化的贡献为 11.1%，对家庭经营收入变化的贡献为 14%。

1983～2007 年，城镇居民收入增长速度 S_u 是农村居民收入增长速度 S_r 的 1.83 倍。在以上贡献率结果的基础上，得到其间土地及制度要素对城乡居民收入增长的绝对额 A_u、A_r 的贡献分别为 1 392 元和 230 元。综上，计算土地及制度要素对 1983～

2007 年城乡收入差距扩大的贡献率(C),计算公式如下:

$$C=\frac{A_u}{f_{u2}-f_{u1}}\times\frac{D_2}{D_1}-\frac{A_r}{f_{r2}-f_{r1}}$$

其中,f 表示收入,u 代表城镇,r 代表乡村,D 为城乡收入差距,"1"代表基期,即 1983 年的城乡收入差距,"2"代表当期,即 2007 年的城乡收入差距。对 1983～2007 年最终的计算结果得到,土地及其制度要素对城乡居民收入差距扩大的贡献率为 13.9%。

综合以上对土地制度对城乡居民收入差距中的影响分析,可以看出,实际上,在改革前,农地农业生产收益在农民收入中占主导地位的时期,农村土地制度(辅之以统购统销等二元制度安排)对城乡居民收入差距有着重要甚至决定性影响,维持农民土地经营的相对自主权或者消除计划经济下的"剪刀差",都能够使城乡收入差距下降 20%～40%。然而,在计划经济体制下,不仅农民收入水平被限定在了生存水平,而且,在现代部门,城镇居民的工资事实上也被限定在相对农民而言较高,但同样也只是生存水平上。所以,表现出来的结果是:除改革初期农民收入大增长时期,城乡差距缩小外,1960 年后到改革前的一段时期成为城乡收入差距最小的时期。之所以出现这一情形,是由于虽然这一时期农民收入在体制安排下被剥夺,但城乡居民收入的"双低"使得表面上的城乡差距并不严重。改革后,除改革初期外,城乡收入差距在波动中持续扩大。尽管改革后城乡之间壁垒开始慢慢消除,要素流动——特别是劳动力的流动——正在逐步自由化,但土地作为重要的生产要素,由农村向城市的流动却是在对农村不利的制度安排下进行的,因此,作为农民最为重要的资产土地的流动本被期望起到缩小城乡差距的作用，但实际上却对城乡差距的增大起到了“推动”作用，所以，即使这一“贡献率”并不大（低于15%），但却有重大影响。

第四节 农村土地制度对城乡关系影响评述

总体上，农村土地制度具有城市倾向，但这样的制度安排对城市以及农村发展也发挥了积极作用，特别是在保证我国城镇建设健康、稳定发展，保证农民基本生存需求等方面具有重要意义。而且，这样的制度安排也为进一步的土地制度创新提供了空间。具体到农村土地制度对城乡关系重要表征——城乡收入差距的影响看，无疑，城市倾向的土地制度拉大了城乡收入差距，根据初步估算，因土地制度安排对改革前城乡收入差距的贡献超过20%；而改革以来农村土地制度、特别是现行征地制度，对城乡收入差距扩大的贡献率近15%。

第七章　协调城乡关系的农村土地制度改革探索

土地及其制度要素对我国城乡差距产生了显著影响。在统筹城乡发展,促进城乡协调的新阶段,推进农村改革发展是重中之重,土地制度作为农村基本制度,其改革更是受到高度重视,促进城乡经济社会一体化发展离不开土地、劳动力等生产要素的完全自由流动。政府有关部门对土地管理制度进行了积极的改革探索;而农民也在积极地争取和“扩大”自己的土地权利。在近年来土地管理利用实践基础上,十七届三中全会则提出“健全严格规范的农村土地管理制度……产权明晰、用途管制、节约集约、严格管理……”,这也是未来农村土地制度完善和改革的方向。

第一节　近期农村土地制度改革的政策表达

十七届三中全会对农村土地制度改革作出了清晰的表达,这是对近几年农村土地制度改革经验的总结。以下简要回顾近几年有关农村土地制度改革的政策。

一、国家层面上的土地制度改革政策简述

以2004年国务院“28号文”的发布为重要标志，我国对土地管理制度的改革进入新阶段(鉴于“28号文”在新时期土地管理制度改革中的重要意义，将文件有关内容附后)。在此，重点回顾2004年以来土地管理制度中有关农村土地制度改革的主要政策。“28号文”提到改革的两个主要方面“完善征地补偿和安置制度”、“健全土地节约利用和收益分配机制”都直接关系到农地转用和征收中农民对土地收益的分配情况。2006年，《国务院关于加强土地调控有关问题的通知》(国发【2006】31号)进一步强调要切实保障被征地农民长远生计、并规范土地出让收支等。2008年，《国务院关于促进节约集约用地的通知》(国发【2008】3号)对“28号”中提出的“健全土地节约利用机制”作出了更详细的规定，并指出：“充分发挥市场配置土地资源基础性作用，健全节约集约用地长效机制……深入推进土地有偿使用制度改革”，严格限定划拨用地范围，对“其他建设用地应严格实行市场配置，有偿使用。”

在总结有关土地管理制度改革政策基础上，2008年十七届三中全会，对土地管理制度提出明确要求，即将“最严格的土地管理制度”进一步明确表述为两个“最严格”：“坚持最严格的耕地保护制度，层层落实责任，坚决守住十八亿亩耕地红线”；“实行最严格的节约用地制度，从严控制城乡建设用地总规模”。最严格的节约用地制度针对建设用地总量控制，有利于促进建设用地的内部挖潜，使“十分珍惜、合理利用土地和切实保护耕地”基本国策的落实

有了更丰富的手段。同时，在农村土地制度改革方面，十七届三中全会要求健全严格规范的农村土地管理制度。

二、农村土地制度改革的重点

根据十七届三中全会对农村土地制度改革的要求，在改革进程中，需要重点突出的工作应包括以下方面。

第一是进一步健全和完善农地产权制度。“搞好农村土地确权、登记、颁证工作”要求，按照全国土地调查情况，特别是第二次全国土地调查，努力完成农村土地确权登记颁证工作；流转的土地必须经过确权登记发证；并且，按照《物权法》关于实行不动产统一登记制度的规定，要努力推动以土地为基础的不动产统一登记，强化土地产权保护和管理。“加强土地承包经营权流转管理和服务”继续发展土地承包经营权流转市场，探索农民土地承包经营权流转的多种形式，发展适度规模经营。“产权明晰”要求进一步细化农村土地的各项权能，如占有、使用、收益、处置各权能在主体间的分配情况等。

第二是关于征地制度改革。征地制度改革的关键之一是“严格界定公益性和经营性建设用地，逐步缩小征地范围”；其次，需要“完善征地补偿机制”，赋予农民农用土地真正的财产性质，逐步改变计划经济体制下确定的按现状产值倍数计算的补偿方法，逐步建立符合市场经济规律的征地补偿机制，充分考虑农地对农民的就业和保障权功能，根据当地土地资源条件、产值、区位、供求关系、人民生活水平和经济社会发展水平等综合因素确定补偿标准。

"解决好被征地农民就业、住房、社会保障"、"做到先保后征，使被征地农民基本生活长期有保障"，要求充分考虑土地对农民的保障功能，并积极探索安置的新模式，如留地安置、土地入股等等。此外，在征地制度上，还需要继续规范征地程序，切实保障被征地农民的知情权、参与权、申诉权和监督权，维护被征地农民土地权利。

第三是关于建立城乡统一的建设用地市场。促进城乡经济社会一体化需要做到公共资源能够在城乡之间均衡配置、生产要素能够在城乡之间自由流动。土地作为重要的生产要素，特别是应完全由市场竞争配置的经营性建设用地资源，应以市场竞争为基础形成其价格。在这一方面，一是要继续逐步缩小划拨用地范围，全面实现土地有偿使用。二是对于集体建设用地，以全民参与的"规划"为主要依据，实现城乡土地市场、尤其是建设用地市场的统一，切实实现"同地、同价、同权"，对集体建设用地收益，可以按照初次分配基于产权、再次分配基于税收的原则，通过税收调节，合理分配集体建设用地使用和流转中的土地收益。另外，对于农村宅基地，关键是要继续完善农村宅基地制度，保障农户宅基地用益物权，农村宅基地和村庄整理所节约的土地若调剂为建设用地的，必须符合土地利用规划并优先满足集体建设用地。在建立城乡统一建设用地市场方面，做到使规划真正体现全民意志，并切实强化"规划"的法律地位具有重要意义。

此外，关于"两个最严格"制度，其初衷是在国家层面确保国家粮食安全的政策设计。这些政策的落实过程，也有利于增加农民的土地收益。例如，建立耕地"保护补偿机制"，通过提高耕地占用成本和对基本农田给予补偿，有助于增加农民补贴收入；推进土地资源市场化配置实现土地节约集约利用的目标，有助于增加农民在建设用地市场上谈判的筹码。

总之，在农村土地制度改革方面，在认识到我国城乡发展新阶段的基础上，期冀通过改革农村土地收益的再分配，较好地达到缩小城乡差距，促进城乡一体化的目的。这也是今后农村土地改革的重要出发点。

附：国务院关于深化改革严格土地管理的决定（国发【2004】28号）

各省、自治区、直辖市人民政府，国务院各部委、各直属机构：

实行最严格的土地管理制度，是由我国人多地少的国情决定的，也是贯彻落实科学发展观，保证经济社会可持续发展的必然要求。去年以来，各地区、各部门认真贯彻党中央、国务院部署，全面清理各类开发区，切实落实暂停审批农用地转用的决定，土地市场治理整顿取得了积极进展，有力地促进了宏观调控政策的落实。但是，土地市场治理整顿的成效还是初步的、阶段性的，盲目投资、低水平重复建设，圈占土地、乱占滥用耕地等问题尚未根本解决。因此，必须正确处理保障经济社会发展与保护土地资源的关系，严格控制建设用地增量，努力盘活土地存量，强化节约利用土地，深化改革，健全法制，统筹兼顾，标本兼治，进一步完善符合我国国情的最严格的土地管理制度。现决定如下：

一、严格执行土地管理法律法规

（一）牢固树立遵守土地法律法规的意识。各地区、各有关部门要深入持久地开展土地法律法规的学习教育活动，深刻认识我国国情和保护耕地的极端重要性，本着对人民、对历史负责的精神，严格依法管理土地，积极推进经济增长方式的转变，实现土地利用方式的转变，走符合中国国情的新型工业化、城市化道路。进一步提高依法管地用地的意识，要在法律法规允许的范围内合理用地。对违反法律法规批地、占地的，必须承担法律责任。

（二）严格依照法定权限审批土地。农用地转用和土地征收的审批权在国务院和省、自治区、直辖市人民政府，各省、自治区、直辖市人民政府不得违反法律和行政法规的规定下放土地审批权。严禁规避法定审批权限，将单个建设项目用地拆分审批。

（三）严格执行占用耕地补偿制度。各类非农业建设经批准占用耕地的，建设单位必须补充数量、质量相当的耕地，补充耕地的数量、质量实行按等级折算，防止占多补少、占优补劣。不能自行补充的，必须按照各省、自治区、直辖市的规定缴纳耕地开垦费。耕地开垦费要列入专户管理，不得减免和挪作他用。政府投资的建设项目也必须将补充耕地费用列入工程概算。

（四）禁止非法压低地价招商。省、自治区、直辖市人民政府要依照基准地价制定并公布协议出让土地最低价标准。协议出让土地除必须严格执行规定程序外，出让价格不得低于最低价标准。违反规定出让土地造成国有土地资产流失的，要依法追究责任；情节严重的，依照《中华人民共和国刑法》的规定，以非法低价出让国有土地使用权罪追究刑事责任。

（五）严格依法查处违反土地管理法律法规的行为。当前要着重解决有法不依、执法不严、违法不究和滥用行政权力侵犯农民合法权益的问题。要加大土地管理执法力度，严肃查处非法批地、占地等违法案件。建立国土资源与监察等部门联合办案和案件移送制度，既查处土地违法行为，又查处违法责任人。典型案件，要公开处理。对非法批准占用土地、征收土地和非法低价出让国有土地使用权的国家机关工作人员，依照《监察部国土资源部关于违反土地管理规定行为行政处分暂行办法》给予行政处分；构成犯罪的，依照《中华人民共和国刑法》、《中华人民共和国土地管理法》、《最高人民法院关于审理破坏土地资源刑事案件具体应用法律若干问题的解释》和最高人民检察院关于渎职犯罪案件立案标准的规定，追究刑事责任。对非法批准征收、使用土地，给当事人造成损失的，还必须依法承担赔偿责任。

二、加强土地利用总体规划、城市总体规划、村庄和集镇规划实施管理

（六）严格土地利用总体规划、城市总体规划、村庄和集镇规划修改的管理。在土地利用总体规划和城市总体规划确定的建设用地范围外，不得设立各类开发区（园区）和城市新区（小区）。对清理后拟保留的开发区，必须依据土地利用总体规划和城市总体规划，按照布局集中、用地集约和产业集聚的原则严格审核。严格土地利用总体规划的修改，凡涉及改变土地利用方向、规模、重大布局等原则性修改，必须报原批准机关批准。城市总体规划、村庄和集镇规划也不得擅自修改。

（七）加强土地利用计划管理。农用地转用的年度计划实行指令性管理，跨年度结转使用计划指标必须严格规范。改进农用地转用年度计划下达和考核办法，对国家批准的能源、交通、水利、

矿山、军事设施等重点建设项目用地和城、镇、村的建设用地实行分类下达，并按照定额指标、利用效益等分别考核。

（八）从严从紧控制农用地转为建设用地的总量和速度。加强农用地转用审批的规划和计划审查，强化土地利用总体规划和土地利用年度计划对农用地转用的控制和引导，凡不符合规划、没有农用地转用年度计划指标的，不得批准用地。为巩固土地市场治理整顿成果，2004 年农用地转用计划指标不再追加；对过去拖欠农民的征地补偿安置费在 2004 年年底前不能足额偿还的地方，暂缓下达该地区 2005 年农用地转用计划。

（九）加强建设项目用地预审管理。凡不符合土地利用总体规划、没有农用地转用计划指标的建设项目，不得通过项目用地预审。发展改革等部门要通过适当方式告知项目单位开展前期工作，项目单位提出用地预审申请后，国土资源部门要依法对建设项目用地进行审查。项目建设单位向发展改革等部门申报核准或审批建设项目时，必须附国土资源部门预审意见；没有预审意见或预审未通过的，不得核准或批准建设项目。

（十）加强村镇建设用地的管理。要按照控制总量、合理布局、节约用地、保护耕地的原则，编制乡（镇）土地利用总体规划、村庄和集镇规划，明确小城镇和农村居民点的数量、布局和规模。鼓励农村建设用地整理，城镇建设用地增加要与农村建设用地减少相挂钩。农村集体建设用地，必须符合土地利用总体规划、村庄和集镇规划，并纳入土地利用年度计划，凡占用农用地的必须依法办理审批手续。禁止擅自通过“村改居”等方式将农民集体所有土地转为国有土地。禁止农村集体经济组织非法出让、出租集体土地用于非农业建设。改革和完善宅基地审批制度，加强农村宅基地管理，禁止城镇居民在农村购置宅基地。引导新办乡村工业向建制镇和规划确定的小城镇集中。在符合规划的前提下，村庄、集镇、建制镇中的农民集体所有建设用地使用权可以依法流转。

（十一）严格保护基本农田。基本农田是确保国家粮食安全的基础。土地利用总体规划修编，必须保证现有基本农田总量不减少，质量不降低。基本农田要落实到地块和农户，并在土地所有权证书和农村土地承包经营权证书中注明。基本农田保护图件备案工作，应在新一轮土地利用总体规划修编后三个月内完成。基本农田一经划定，任何单位和个人不得擅自占用，或者擅自改变用途，这是不可逾越的“红线”。符合法定条件，确需改变和占用基本农田的，必须报国务院批准；经批准占用基本农田的，征地补偿按法定最高标准执行，对以缴纳耕地开垦费方式补充耕地的，缴纳标准按当地最高标准执行。禁止占用基本农田挖鱼塘、种树和其他破坏耕作层的活动，禁止以建设“现代农业园区”或者“设施农业”等任何名义，占用基本农田变相从事房地产开发。

三、完善征地补偿和安置制度

（十二）完善征地补偿办法。县级以上地方人民政府要采取切实措施，使被征地农民生活水平不因征地而降低。要保证依法足额和及时支付土地补偿费、安置补助费以及地上附着物和青苗补偿费。依照现行法律规定支付土地补偿费和安置补助费，尚不能使被征地农民保持原有生活水平的，不足以支付因征地而导致无地农民社会保障费用的，省、自治区、直辖市人民政府应当批准增加安置补助费。土地补偿费和安置补助费的总和达到法定上限，尚不足以使被征地农民保持原有生活水平的，当地人民政府可以用国有土地有偿使用收入予以补贴。省、自治区、直辖市人民政府要制订并公布各市县征地的统一年产值标准或区片综合地价，征地补偿做到同地同价，国家重点建设项目必须将征地费用足额列入概算。大中型水利、水电工程建设征地的补偿费标准和移民安置办法，由国务院另行规定。

（十三）妥善安置被征地农民。县级以上地方人民政府应当制定具体办法，使被征地农民的长远生计有保障。对有稳定收益的项目，农民可以经依法批准的建设用地土地使用权入股。在城市规划区内，当地人民政府应当将因征地而导致无地的农民，纳入城镇就业体系，并建立社会保障制度；在城市规划区外，征收农民集体所有土地时，当地人民政府要在本行政区域内为被征地农民留有必要的耕作土地或安排相应的工作岗位；对不具备基本生产生活条件的无地农民，应当异地移民安置。劳动和社会保障部门要会同有关部门尽快提出建立被征地农民的就业培训和社会保障制度的指导性意见。

（十四）健全征地程序。在征地过程中，要维护农民集体土地所有权和农民土地承包经营权的权益。在征地依法报批前，要将拟征地的用途、位置、补偿标准、安置途径告知被征地农民；对拟征土地现状的调查结果须经被征地农村集体经济组织和农户确认；确有必要的，国土资源部门应当依照有关规定组织听证。要将被征地农民知情、确认的有关材料作为征地报批的必备材料。要加快建立和完善征地补偿安置争议的协调和裁决机制，维护被征地农民和用地者的合法权益。经批准的征地事项，除特殊情况外，应予以公示。

（十五）加强对征地实施过程监管。征地补偿安置不落实的，不得强行使用被征土地。省、自治区、直辖市人民政府应当根据土地补偿费主要用于被征地农户的原则，制订土地补偿费在农村集体经济组织内部的分配办法。被征地的农村集体经济组织应当将征地补偿费用的收支和分配情况，向本集体经济组织成员公布，接受监督。农业、民政等部门要加强对农村集体经济组织内部征地补偿费用分配和使用的监督。

四、健全土地节约利用和收益分配机制

（十六）实行强化节约和集约用地政策。建设用地要严格控制增量，积极盘活存量，把节约用地放在首位，重点在盘活存量上下工夫。新上建设项目首先要利用现有建设用地，严格控制建设占用耕地、林地、草原和湿地。开展对存量建设用地资源的普查，研究制定鼓励盘活存量的政策措施。各地区、各有关部门要按照集约用地的原则，调整有关厂区绿化率的规定，不得圈占土地搞“花园式工厂”。在开发区（园区）推广多层标准厂房。对工业用地在符合规划、不改变原用途的前提下，提高土地利用率和增加容积率的，原则上不再收取或调整土地有偿使用费。基础设施和公益性建设项目，也要节约合理用地。今后，供地时要将土地用途、容积率等使用条件的约定写入土地使用合同。对工业项目用地必须有投资强度、开发进度等控制性要求。土地使用权人不按照约定条件使用土地的，要承担相应的违约责任。在加强耕地占用税、城镇土地使用税、土地增值税征收管理的同时，进一步调整和完善相关税制，加大对建设用地取得和保有环节的税收调节力度。

（十七）推进土地资源的市场化配置。严格控制划拨用地范围，经营性基础设施用地要逐步实行有偿使用。运用价格机制抑制多占、滥占和浪费土地。除按现行规定必须实行招标、拍卖、挂牌出让的用地外，工业用地也要创造条件逐步实行招标、拍卖、挂牌出让。经依法批准利用原有划拨土地进行经营性开发建设的，应当按照市场价补缴土地出让金。经依法批准转让原划拨土地使用权的，应当在土地有形市场公开交易，按照市场价补缴土地出让金；低于市场价交易的，政府应当行使优先购买权。

（十八）制订和实施新的土地使用标准。依照国家产业政策，国土资源部门对淘汰类、限制类项目分别实行禁止和限制用地，并会同有关部门制订工程项目建设用地定额标准，省、自治区、直辖市人民政府可以根据实际情况制订具体实施办法。继续停止高档别墅类房地产、高尔夫球场等用地的审批。

（十九）严禁闲置土地。农用地转用批准后，满两年未实施具体征地或用地行为的，批准文件自动失效；已实施征地，满两年未供地的，在下达下一年度的农用地转用计划时扣减相应指标，对具备耕作条件的土地，应当交原土地使用者继续耕种，也可以由当地人民政府组织耕种。对用地单位闲置的土地，严格依照《中华人民共和国土地管理法》的有关规定处理。

（二十）完善新增建设用地土地有偿使用费收缴办法。新增建设用地土地有偿使用费实行先缴后分，按规定的标准就地全额缴入国库，不得减免，并由国库按规定的比例就地分成划缴。审计部门要加强对新增建设用地土地有偿使用费征收和使用的监督检查。对减免和欠缴的，要依法追缴。财政部、国土资源部要适时调整新增建设用地土地有偿使用费收取标准。新增建设用地土地有偿使用费要严格按法定用途使用，由中央支配的部分，要向粮食主产区倾斜。探索建立国有土地收益基金，遏制片面追求土地收益的短期行为。

五、建立完善耕地保护和土地管理的责任制度

（二十一）明确土地管理的权力和责任。调控新增建设用地总量的权力和责任在中央，盘活存量建设用地的权力和利益在地方，保护和合理利用土地的责任在地方各级人民政府，省、自治区、直辖市人民政府应负主要责任。在确保严格实施土地利用总体规划，不突破土地利用年度计划的前提下，省、自治区、直辖市人民政府可以统筹本行政区域内的用地安排，依照法定权限对农用地转用和土地征收进行审批，按规定用途决定新增建设用地土地有偿使用费地方分成部分的分配和使用，组织本行政区域内耕地占补平衡，并对土地管理法律法规执行情况进行监督检查。地方各级人民政府要对土地利用总体规划确定的本行政区域内的耕地保有量和基本农田保护面积负责，政府主要领导是第一责任人。地方各级人民政府都要建立相应的工作制度，采取多种形式，确保耕地保护目标落实到基层。

（二十二）建立耕地保护责任的考核体系。国务院定期向各省、自治区、直辖市下达耕地保护责任考核目标。各省、自治区、直辖市人民政府每年要向国务院报告耕地保护责任目标的履行情况。实行耕地保护责任考核的动态监测和预警制度。国土资源部会同农业部、监察部、审计署、统计局等部门定期对各省、自治区、直辖市耕地保护责任目标履行情况进行检查和考核，并向国务院

报告。对认真履行责任目标、成效突出的，要给予表彰，并在安排中央支配的新增建设用地土地有偿使用费时予以倾斜。对没有达到责任目标的，要在全国通报，并责令限期补充耕地和补划基本农田。对土地开发整理补充耕地的情况也要定期考核。

（二十三）严格土地管理责任追究制。对违反法律规定擅自修改土地利用总体规划的、发生非法占用基本农田的、未完成耕地保护责任考核目标的、征地侵害农民合法权益引发群体性事件且未能及时解决的、减免和欠缴新增建设用地土地有偿使用费的、未按期完成基本农田图件备案工作的，要严肃追究责任，对有关责任人员由上级主管部门或监察机关依法定权限给予行政处分。同时，上级政府要责令限期整改，整改期间暂停农用地转用和征地审批。具体办法由国土资源部会同有关部门另行制订。实行补充耕地监督的责任追究制，国土资源部门和农业部门负责对补充耕地的数量和质量进行验收，并对验收结果承担责任。省、自治区、直辖市国土资源部门和农业部门要加强监督检查。

（二十四）强化对土地执法行为的监督。建立公开的土地违法立案标准。对有案不查、执法不严的，上级国土资源部门要责令其作出行政处罚决定或直接给予行政处罚。坚决纠正违法用地只通过罚款就补办合法手续的行为。对违法用地及其建筑物和其他设施，按法律规定应当拆除或没收的，不得以罚款、补办手续取代；确需补办手续的，依法处罚后，从新从高进行征地补偿和收取土地出让金及有关规费。完善土地执法监察体制，建立国家土地督察制度，设立国家土地总督察，向地方派驻土地督察专员，监督土地执法行为。

（二十五）加强土地管理行政能力建设。2004年年底以前要完成省级以下国土资源管理体制改革，理顺领导干部管理体制、工作机制和加强基层队伍建设。市、县人民政府要保证基层国土资源管理所机构、编制、经费到位，切实发挥基层国土资源管理所在土地管理执法中的作用。国土资源部要会同有关部门抓紧建立和完善统一的土地分类、调查、登记和统计制度，启动新一轮土地调查，保证土地数据的真实性。组织实施“金土工程”。充分利用现代高新技术加强土地利用动态监测，建立土地利用总体规划实施、耕地保护、土地市场的动态监测网络。

各地区、各有关部门要以“三个代表”重要思想为指导，牢固树立科学发展观和正确的政绩观，把落实好最严格的土地管理制度作为对执政能力和依法行政能力的检验。高度重视土地的保护和合理利用，认真总结经验，积极推进土地管理体制改革，不断完善土地法制，建立严格、科学、有效的土地管理制度，维护好广大人民群众的根本利益，确保经济社会的可持续发展。

第二节 “土地增减挂钩”：农村土地制度改革的一种探索

2004年的“28号文”对村镇建设用地管理提出要求，并指出“鼓励农村建设用地整理，城镇建设用地增加要与农村建设用地减少相挂钩”（下文简称“土地增减挂钩”）。为落实有关规定，国土资源部于2005年提出《关于规范城镇建设用地增加与农村建设用地减少相挂钩试点工作的意见》（国土资发【2005】207号）。根据

《意见》,城乡建设用地增减挂钩定义为:“依据土地利用总体规划,将若干拟整理复垦为耕地的农村建设用地地块(即拆旧地块)和拟用于城镇建设的地块(即建新地块)等面积共同组成建新拆旧项目区,通过建新拆旧和土地整理复垦等措施,在保证项目区内各类土地面积平衡的基础上,最终实现增加耕地有效面积,提高耕地质量,节约集约利用建设用地,城乡用地布局更合理的目标。”

一、“土地增减挂钩”政策出台的背景简析

我国仍处于工业化和城镇化快速发展的阶段,这一阶段也是建设用地需求迅速增加的阶段。在人地矛盾尖锐,粮食安全压力较大的情况下,耕地保护任务艰巨(王德起,1997;吴次芳等,2002),而我国建设用地的现实情况是,一方面,需求旺盛,建设用地快速增加,2000～2007 年,我国经济开始新一轮快速扩张的时期,年均经济增长率超过 14%,期间城镇工矿以及交通类建设用地增长率约为 3.6%。尤其是 2000～2004 年,经济增长率约为 13%,而建设用地增长率近 4%;2004 年以后,随着土地政策参与宏观调控作用的显现,土地闸门收紧,自 2004～2007 年,我国年均经济增长率近 16%,城镇工矿以及交通类建设用地增长速度约为 3.3%。另一方面,在建设用地迅速增加的同时,城乡建设用地浪费都较为严重(董黎明,2005)。例如,根据 2004 年对全国城镇建设用地的调查,闲置土地、空闲土地、批而

未供土地将近2 700平方公里①。在农村，建设用地浪费现象也较为严重，空心村大量存在，而且宅基地流转困难。在城市化快速发展，农民大规模进城的情况下，农村建设用地不仅没有减少，反而增加。1996年，农村居民点用地约为1 646.7万公顷(2.47亿亩)，2004年，农村居民点用地增加到1 653.3万公顷(2.48亿亩)，而期间城镇化水平提高了11个百分点，农村人均居民点用地由193平方米增加到218平方米(图7—1)。另外，根据周其仁(2008)的估计，到2007年前后，全国近2.5亿亩农村居民点用地中，村内空闲地面积约占村庄总面积的1/8。村镇建设用地总量大，且用地布局相对散乱、分散无序；另据测算，通过实施迁村并点、治理“空心村”、退宅还田等整理措施，可以增加的有效耕地不低于267万公顷(4 000万亩)，也就是说有不低于267万公顷的农村建设用地整理潜力，基本相当于全国范围内通过整治道路沟渠、平整归并零散地块、充分利用零星土地而增加的有效耕地面积(287万公顷)(王世元，2007)。

农村、农民是全面建设小康和我国现代化进程的难点，为着力于解决农村发展问题，使农民共享改革发展成果，全面实现小康社会建设目标，2005年十六届五中全会上提出按“生产发展、生活宽裕、乡风文明、村容整洁、管理民主”的要求进行社会主义新农村建设。新农村建设是统筹城乡发展、促进城乡协调的重要方面。按照中央要求，各地区以及国务院各部门都积极发挥部门优势，探索

---

① 几乎相当于10个大城市建成区的土地面积。例如，在大城市中，用地规模和人口规模在全国具有中等水平的长春市，其2006年城市建成区面积约260平方公里，人口超过300万。

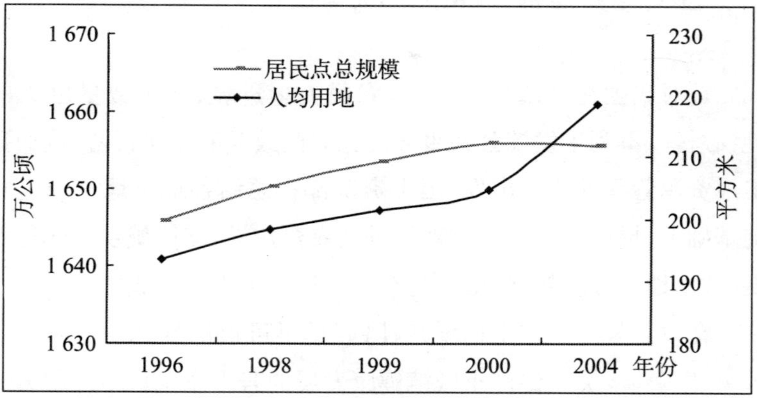

图 7—1　1996 年以来农村居民点用地与农村人均居民点用地变化

支持新农村建设、实现城乡一体化发展的方式。另外，地方政府为解决经济发展用地需求与土地供应不足之间的矛盾，在基本农田和耕地受到严格保护的情况下，开始把目光转向到农村建设用地，尤其是农民的宅基地（王君等，2007）。典型做法是针对农村居民点规模小、数量多、布局分散等现象，开展农村建设用地整理，推行“农业向种植能手集中，乡镇企业向工业小区集中，农民住房向小城镇集中”的三集中，改造旧村庄，小村并大村，推进农村宅基地的集约利用，用腾退出来的农村建设用地置换经济发展用地指标，实现在耕地数量不减少的情况下的经济发展。如河南开展的“三项整治工程”、江苏开展的“农民集中居住”、四川开展的“金土地”工程等。

二、"土地增减挂钩"政策的形成与出台

针对我国在城镇化进程中，农民大量进城、产生数量巨大的"空心村"，不利于发挥公共服务设施规模效益的现状，并且从加强土地资源管理的要求出发，国土资源部在总结各地土地管理经验的基础上，提出通过土地整理促进新农村建设，支持城乡一体化发展。"土地增减挂钩"政策正是在这一过程中逐步形成的。

在政策规定上，"土地增减挂钩"最早可追溯到 2000 年，中共中央、国务院《关于促进小城镇健康发展的若干意见》（中发【2000】11 号）中提出，"要通过挖潜，改造旧城区，积极开展迁村并点，土地整理，开发利用荒地和废弃地，解决城镇建设用地"。之后，在继续不断总结经验的基础上，经过国土资源部一系列的落实性文件，"土地增减挂钩"政策逐步形成。"28 号文"关于"鼓励农村建设用地整理，城镇建设用地增加要与农村建设用地减少相挂钩"，第一次正式明确提出城镇建设用地增加与农村建设用地减少相挂钩的政策。紧接着自 2005 年起，国土资源部和国家发改委连续发布几个文件，对城乡建设用地挂钩做出规定。这些文件包括《关于规范城镇建设用地增加与农村建设用地减少相挂钩试点工作的意见》（国土资发【2005】207 号），在全国部分省市部署开展了"城镇建设用地增加与农村建设用地减少相挂钩试点"工作；国土资源部《关于天津等五省（市）城镇建设用地增加与农村建设用地减少相挂钩第一批试点的批复》（国土资发【2006】269 号），批准天津、四川、山东、江苏、湖北作为第一批挂钩试点省（市）；国家发改委《关

于在全国部分发展改革试点小城镇开展规范城镇建设用地增加与农村建设用地减少相挂钩试点工作的通知》(发改办规划【2006】60号),对全国发展改革试点小城镇开展城镇建设用地增加与农村建设用地减少相挂钩试点工作作了部署;2007年8月,国土资源部又下发了《关于进一步规范城乡建设用地增减相挂钩试点工作的通知》(国土资发【2007】169号),要求在总结各地试点经验的基础上,进一步规范了挂钩试点工作;2008年6月27日,国土资源部印发了《城乡建设用地增减挂钩试点管理办法》(国土资发【2008】138号),进一步明确了挂钩内涵。

由于各地实际情况差别很大,而"土地增减挂钩"直接涉及农民宅基地这一具有用益物权特征的财产的调整,特别是关系到土地权属的调整,在迁村并点中,可能涉及不同集体间的用地重新配置,改变了土地所有权状况。此外,在地方政府发展冲动下,"土地增减挂钩"极易演变成为地方政府获得额外建设用地指标的手段,能否切实保障农民权益以及尊重农民意愿,需要不断接受检验,不断完善政策。正是因为此类诸多问题,"土地增减挂钩"自出台起,就受到争议,其中,最主要的质疑就是担心"土地增减挂钩可能沦为地方政府获取建设用地指标的手段"。陈锡文(2008)提出了"土地增减挂钩"应遵从的约束条件:落实两个"最严格",关键是要缩减建设用地规模,而当前建设用地规模的持续扩大,与制度是单边的约束、而不是双边的约束密不可分。因此,可以通过"挂钩"实现耕地保护目标,保障农民权益,改善农民居住条件,但是不能因此而在计划外增加地方的建设用地,超越国家的宏观控制。针对"土地增减挂钩"可能存在的问题,从2005年直到目前,政策仍在"封闭、可控”的条件下逐步试点。

三、“土地增减挂钩”的政策目标

资金问题是实施“土地增减挂钩”的关键，只有具备较为充足的资金，才能切实保障农民的利益，保证挂钩工作的顺利开展。在资金来源与使用上，根据“土地增减挂钩”试点政策，在“挂钩”项目区内，资金实施封闭运行，通过在项目区实施土地增减挂钩，对拆旧区低效利用的农村建设用地整理复垦为耕地，把腾退的建设用地用于建新区，建新区建设用地采用招、拍、挂等方式出让给土地使用者，实现更为节约集约和高效利用，其中保证耕地面积不减少，质量不下降。另外，根据规定，建新区土地出让金必须全部用于项目区农民权益保障以及建设安置房。“资金平衡”和“土地平衡”是挂钩的基本要求。通过在空间上重新布局建设用地，土地因空间位置改变而产生土地级差地租收益，这一级差地租收益就是实施“挂钩”资金的主要来源。在“挂钩”中，政府不参与土地增值收益分配，因此，这在一定程度上可以看做是国家向农民让渡土地出让金收益的过程，体现了“工业反哺农业、城市支持农村”的城乡一体化发展方针。基于实施“土地增减挂钩”对土地和资金的要求，可以看出“挂钩”政策的两个重要目标：

其一，促进土地节约集约利用，缓解耕地保护的巨大压力。如前所述，我国农村居民点用地总量巨大，而且宅基地没有充分流动起来。通过“土地增减挂钩”，旨在对分散的、低效利用的农村建设用地进行整理，并复垦为耕地，将产生的挂钩周转指标集中用于农民新居和城镇建设，优化城乡建设用地布局，促进土地节约集约利用，从而有效缓解建设用地扩张对农用地的压力，保持耕地总量平衡，实现 18 亿亩耕地保有量目标，协调“发展与保护”的矛盾。

其二，为城乡统筹发展和社会主义新农村建设创造条件，并以土地增值收益为其提供资金保障。通过实施挂钩，对农村居民点的整理，改造旧村庄和整治“空心村”，归并农村居民点，引导农民向中心村集中，以土地出让金补贴农民建房费用，改善农村整体环境和生活环境的改善，改观村容村貌；通过农村居民点的集中布局，更好地促进基本公共服务均等化目标的实现，发挥公共服务提供的规模效益，降低公共服务提供成本；通过挂钩工作，在尊重农民意愿的前提下，鼓励有条件的农民向城镇和城市集中，从传统农业生产中解放出来，从事收益更高的其他行业；挂钩整理出来的耕地，通过土地流转或者股份化的方式，实现连片经营，促进农业产业化和规模经营，提高农业生产效率，增加农民收入。

总之，从政策层面，“土地增减挂钩”既被作为实现“最严格的节约用地制度”的重要手段和“从严控制城乡建设用地规模”的可行途径；又被当做促进城乡协调发展、实现“以城带乡，以工补农”的重要抓手。

四、“土地增减挂钩”政策的理论分析

（一）土地利用上的“二元”结构是实施“土地增减挂钩”的前提

我国自改革后的 1979 年出台《中外合资经营企业法》开始，逐步

改变了国有土地无偿、无限期使用的方式，探索土地有偿使用制度。1988年，我国宪法修改了关于土地使用权不能买卖的规定。1989年，出台《城镇国有土地使用权出让和转让暂行办法》，城镇土地有偿使用制度在全国范围内建立起来。在土地有偿使用制度的建立过程中，国家垄断了建设用地一级市场，通过土地征收和农地转用，规定除农村居民点、乡镇公益事业和乡镇企业用地外，其他建设用地必须使用国有土地。这也形成了城乡分离的建设用地"二元"市场。

在"一元"结构下，土地市场价格遵从从城市中心向外围递减的特点，根据地租理论，自城市向外围，土地价格变化（Aloson，1964；谢经荣等，2008）如图7—2。但在我国，由于法律限定了乡村建设用地的流转范围，赋予了国家城镇建设用地垄断者的身份，因而也形成了城镇建设用地和乡镇建设用地价格的巨大"势差"（图7—3），而政府正是通过行使对土地的管制权力，获得了这一价格差。另外，正是由于城乡建设用地市场的分割和农村建设用地流转的困难所在，使得建设用地无法在城乡间实现优化配置，低效的农村建设用地在农村人口减少的同时规模却在扩大，这也为实施挂钩创造了条件。

（二）"级差地租"与政府"还权让利"是"土地增减挂钩"资金的来源

对农用地地租，马克思将其分为绝对地租和级差地租，其中，级差地租又分为级差地租Ⅰ和级差地租Ⅱ，级差地租Ⅰ的形成条件取决于不同地块的土地肥力程度的差别和不同地块的地理位置的差别（主要是由于距离市场远近而产生的运费和收益的差异）。

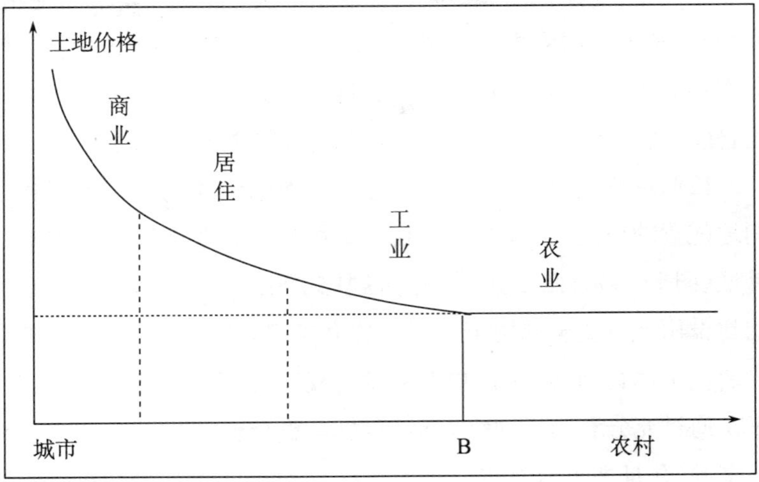

图 7—2　一元结构下的土地价格空间分布

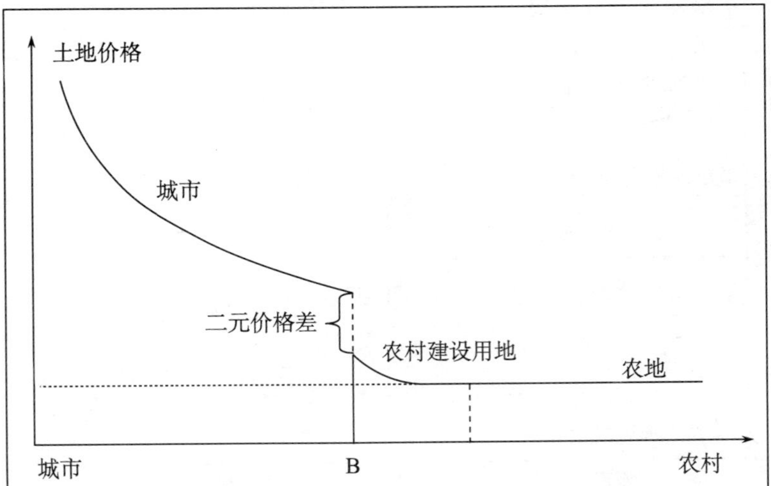

图 7—3　二元结构下的土地价格空间分布

对建设用地，同样存在类似于农业地租中级差地租Ⅰ形态的地租，其中，区位因素起到决定性作用。同为建设用地，如土地价格空间分布所展示的，在农村和城市会有巨大的差异。正是这种级差地租，使得通过调整建设用地的空间布局可以产生巨额收益。

按照现行法律法规，国家通过对土地的统征制度获得了建设用地配置的级差收益，农民只获得了相当于农业土地价格水平的补偿（图7—4）。而根据"土地增减挂钩"试点政策，建新区内新增的建设用地收益全部用于农民安置和补偿，这事实上相当于把政府通过土地管制而收归的"土地发展权"重新赋予了农民。因此，正是通过充分利用土地级差地租收益，更合理地配置城乡建设土地资源，并且把土地收益全部还给农民，保证了土地增减挂钩的资金来源。这也为城镇化进程中更节约集约地利用日益稀缺的土地资源和公平地分配级差土地收益提供了条件。

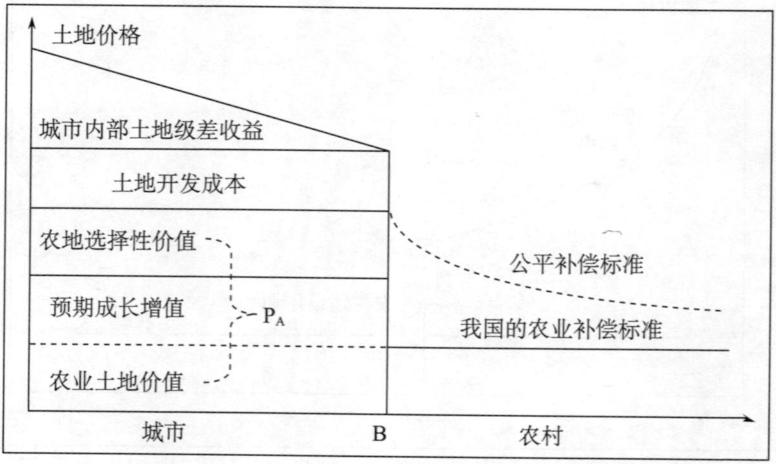

图7—4　无规划管制条件下的农地公平补偿标准与我国的农地补偿

（三）“土地增减挂钩”既实现了土地“发展权”还农，又实现了权利的空间交易

我国的农地统征制度事实上基于管制权的是一种土地发展权归公的制度安排。在农用地统征制度下，政府按照统一的法定补偿对征收的农用地实施补偿，而且，补偿的标准通常是按农业土地价格标准，忽略了空间位置因素所产生的预期性发展收益，这一方面有利于实现建设规划圈内和圈外农用地的同价补偿；但另一方面，没有体现按市场价值公平补偿的原则。

王小映（2007）在分析丹尼斯（Dennis，1989）等确定的无规划管制条件下的农地公平补偿标准的基础上，并总结 G. C. 范库腾 G. C. V-an Kooten，1993）关于土地发展权价值的不同分配办法，提出在规划管制条件下的农地征收公平补偿标准和对管制产生的收益在不同土地使用者间重新分配的方法。根据丹尼斯等的研究，在无规划管制的情况下，如果考虑未来的不确定性，建设用地市场和农用地市场动态均衡下的农用地价格（P_A）一般由三部分组成：农业租金价值（the Value of Agricultural Land Rent）；未来随着城市的增长而预期增加的租金的价值（the Value of Expected Future Rent Increases），即成长性增值（Growth Premium），这种增值随着农用地距离城市边缘越远和农用地转用开发时间的后延而递减；以及农用地转用不可逆带来的土地增值（Irreversibility Premium）。在规划管制普遍存在的情况下，规划圈内的土地使用者获得了额外的规划增值收益。在存在规划管制的情况下，要实现公正补偿，则需通过将规划圈（B 到 B^* 为规划圈区域）内因规划

管制而产生的超额收益在土地使用(所有)者之间进行平等化处理的方式,实现土地征收的平等待遇(图 7—5)。

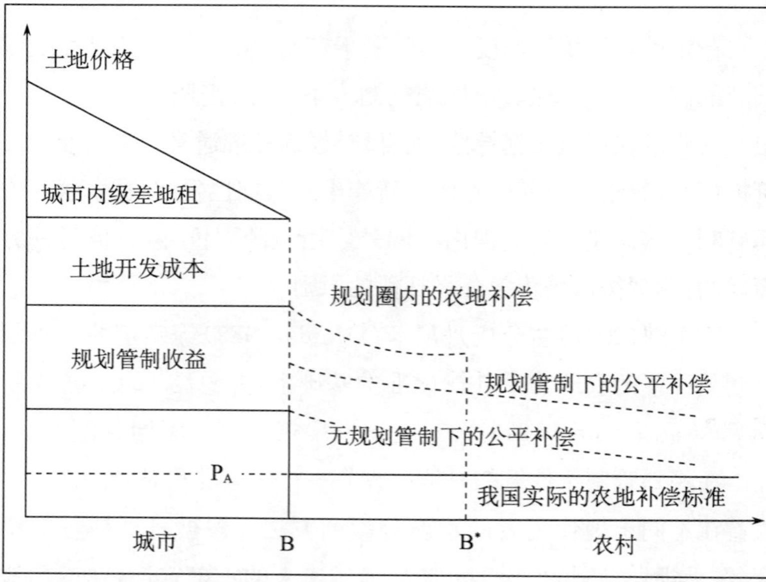

图 7—5 规划管制条件下的农地公平补偿标准与我国的农地补偿

在我国,通过城市和土地规划,特别是土地利用总体规划,对建设占用农用地进行控制。同时,对于占用农用地的补偿,按照原用途确定,虽然考虑到了区位因素、经济社会发展水平等而确定了不同的征地区片价,但这种补偿的基础仍然是土地原用途的收益,而未考虑土地的未来用途,也就是说,这实际上是土地发展权归公的政策。这样的补偿方式实现了规划圈内和圈外的平等补偿。在实施“土地增减挂钩”政策后,一方面,实现了政府对农民的“还权让利"，即相当于"发展权"重新分配给农民；另一方面，由于实施规划控制，规划圈外的农民虽然占有建设用地，但既无法实现规模效益，而且按照现行法律，也难以有效地对土地进行投资开发。规划圈的限定，实际上实现了土地发展权的归公和在空间上的集中配置，但规划圈内的土地占用者实际上获得了较高的补偿，特别是规划圈内的建设用地，其获得的实际补偿价值已经大约相当于市地的价格（王小映，2007），而规划圈外的土地使用者完全丧失了发展权。"挂钩"政策的实施则通过建设用地的异地使用，实现了规划圈外的土地使用者在一定程度上分享土地发展权，实现了土地发展权的空间交易。

（四）"土地增减挂钩"在一定程度上改变了土地供给弹性

土地具有位置固定性（毕宝德，2006），土地供给缺乏弹性，通常情况下，认为土地供给是无弹性的，需求曲线的变动（DD 到 D'D'）使土地价格提高（P_1 到 P_2）（图 7—6）。

因此，土地需求曲线的变动将提高土地价格。对于建设用地市场而言，这更符合一元结构下的情况，对于我国城乡"二元"结构，由于城乡建设用地的巨大收益差和农村建设用地的弱流动性，在当前城镇化发展和农村居民点用地扩张的双重背景下，农村建设用地实际上成为建设用地的储备库。而"挂钩"政策正是在一定程度上，挖掘农村建设用地潜力，通过空间位置的改变，释放到城镇建设用地市场，通过有节奏、有规划的"转移"农村建设用地到城镇中，在"扩"与"缩"的过程中，促进城镇化发展，有序转移农村人口，实现"建设用地总量控制"。这实际上是通过调控，改变了土地供给的数量，有利于维持建设用地价格的相对稳定（图 7—7）。

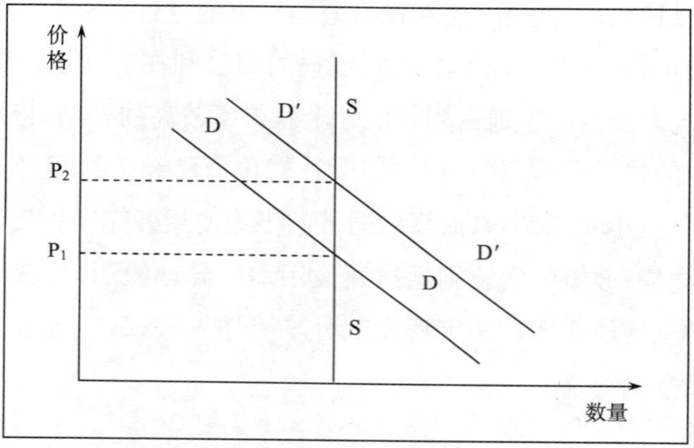

图 7—6 土地供给缺乏弹性

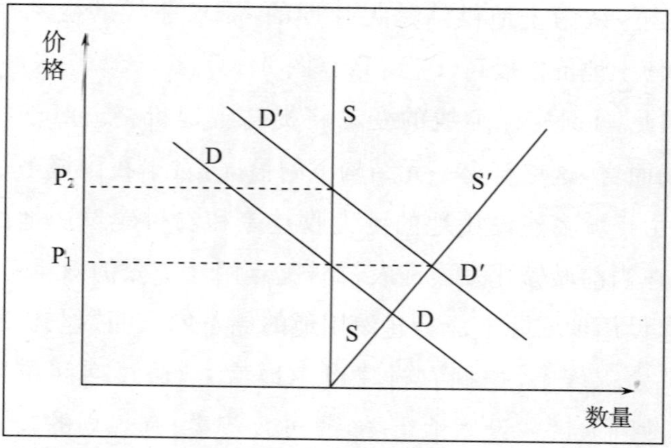

图 7—7 具有弹性的土地供给

第三节　"土地增减挂钩"的实施模式:效果评价与问题分析

自2005年,国土资源部推出"挂钩"试点政策后,于次年4月批准了第一批挂钩试点项目区,涉及的省市包括天津、江苏、山东、湖北、四川五个,"挂钩"试点为期三年。在实施"挂钩"政策过程中,各省市因地制宜,采取了不同了模式。以下对几种主要模式进行总结评价。

一、"土地增减挂钩"的两种主要模式

按照土地增减挂钩实施中存在众多模式,按照不同规模、区位等有不同的分类标准,在此,仅根据项目区距离城市地区的远近,分为近都市区"土地增减挂钩"模式和远离城市的一般农区"土地增减挂钩"模式。

(一) 近都市区"土地增减挂钩"模式

离都市区较近的地区往往也是城镇化快速发展、建设用地扩展迅速的地区。同时,这些区域因具有强大的辐射带动作用,周边郊区农民就业渠道多样,非农业收入已成为农民其收入的重要来源。实现区域城镇优化发展,促进城乡协调是这些区域发展的方向。在这些区域实施土地增减挂钩,旺盛的建设用地需求可以保证建设用地出让的高价格,而较高的土地出让收益保障了挂钩实

施所需的资金来源。就全国实施挂钩政策试点地区看，大都市区成都和天津的土地增减挂钩具有这样的特征。

1. 整合资源，统筹城乡的成都"土地增减挂钩"模式

成都是全国城乡统筹综合配套改革试验区之一，早在 2003 年，随着我国对城乡统筹发展的重视，城乡统筹也就被写入成都的地方施政纲领。2007 年，国务院正式批准成都市设立全国统筹城乡综合配套改革试验区。城乡统筹发展取得了一定成效，例如，从全国来看，2003～2008 年，城乡收入比持续扩大，而成都作为一个大都市区，2003～2008 年，却出现了城乡收入比略有下降的情况，从 2.64∶1 收缩为 2.61∶1。成都作为第一批"挂钩"试点地区和综合配套改革试验区，自挂钩实施以来，就把其作为一个促进城乡统筹发展的重要纽带。并以挂钩为平台，整合多种资源，通过"挂钩"这一空间上的重新配置方式实现城乡统筹发展。例如，双流将农业产业化支持转向资金、农业水利专项资金和新农村建设专项资金统筹应用到挂钩试点中；都江堰翠月湖镇则将国家重建补贴、对口援建资金、灾后政府贴息贷款等资金应用到挂钩试点中，确保灾后重建工作顺利推进。

在具体的操作模式上，根据周边各区县的经济发展水平以及农民生产生活状况等，大致有三种主要操作模式。第一，以双流为代表的统筹县域经济发展的模式；双流县的做法是将分散的农村居民点向社区集中，把剩余的挂钩周转指标用于产业集中区，将复垦出来的耕地流转给农业公司开展规模化经营。第二，以锦江为代表的支持中心城生态绿地建设模式；锦江区为配合成都市城市

绿带的建设，为减少区域建设用地的总体规模，采取“宜聚则聚，宜散则散”的原则，先后对城市绿带核心区的农民宅基地进行适当集中，对非核心区的农民安置到两个社区集中居住，把农村宅基地和厂矿用地整治后的指标用于产业集中区的建设。第三，支持灾后重建“统规统建，统规自建”模式，两种模式的共同点是建新与拆旧跨区县挂钩，并按一定的结余周转指标折价核算，将筹集的资金用于灾后重建，差别在于统规统建是在特定的区域内统一规划、统一建设、分步实施，统规自建主要针对川西地区农居点分散的特点，通过规划，逐步使农户集中。

成都“土地增减挂钩”中将挂钩试点项目区纳入土地利用总体规划，专门制定成都市挂钩专项规划。规划和制度先行，充分尊重了农民意愿，有效促进了城乡土地资源的优化配置和节约集约利用，从根本上改善了项目区农民的生产生活条件。此外，挂钩试点有力地支持了灾后恢复重建，成都市运用挂钩政策为农村灾后住房重建筹集资金。将灾区具备复垦条件的集镇、村庄、农村居民点和零星、分散宅基地，纳入拆旧区规划，与区位条件好、发展较快的城镇建新区组成挂钩周转项目区。按照挂钩农村灾后重建过程中不但没有新增建设用地，而且通过优化布局，还可以增加耕地。初步统计，受灾农户集中居住后，可优化节约农村集体建设用地约 5.6 万亩，筹集 80 多亿元解决 47 个乡镇约 50 万人的农村住房重建资金问题。例如，对“5·12”大地震中受灾最严重的乡镇之一都江堰市向峨乡，采用城乡建设用地增减挂钩方式，将向峨乡灾毁的农村宅基地作为拆旧区，涉及房屋灾毁农户 4 253 户，12 014 人，拆旧地块面积 3 799 亩，与双流县城镇建新区组成挂钩项目区，通过挂钩为向峨乡农村灾后住房重建筹集建设资金约 6 亿元，确保了向峨乡灾后农民住房重建的顺利实施。

2. 整体搬迁，集中建设小城镇的天津华明“土地增减挂钩”模式

在第一批挂钩试点中，天津市将东丽区华明镇、津南区小站镇以及武清区三个村镇为试点单位，挂钩周转指标总规模为 827.3 公顷，其中华明镇 426.8 公顷，占总规模的 50%以上。

从华明镇的区位、环境状况、农民就业等情况看，区域内居民除在居住形式上是分散的农村居民点外，在就业、对外联系等方面都已经与城市居民类似。华明镇距市中心区 10 公里，距天津新港 30 公里，是天津空港物流加工区所在地，也是规划中的滨海新区的组成部分。全镇总面积 156 平方公里，辖 14 个行政村。2005 年华明镇总人口 53 795 人，其中农业人口 41 089 人、非农业人口 5 935 人。全镇有劳动人口 17 962 人，占全镇人口的 37.9%，就业上以从事非农行业为主，据统计，非农行业与农业行业的结构比例为 2.8∶1，农民人均纯收入约 9 000 元，其中来自农业的收入约 25%。随着天津市工业的发展，华明镇由于排污河的污染问题，农业日渐萎缩。产业上以第二、第三产业为主，华明镇的第三产业主要是运输业，其次是建筑、服务业、商饮业等。2005 年，产业结构状况为 5.5∶47∶47.5。在用地上，农村居民点用地上，仅宅基地就达到人均 200 平方米以上。由于华明镇离市区很近，因此，当地居民与市区联系紧密。

基于华明镇的区位条件和当地居民就业生活状况等，同时以滨海新区建设为契机，天津确定了把华明镇作为挂钩试点项目区，这也是全国规模最大、涉及人口最多的挂钩试点项目区。华明镇的14个行政村中，拆旧区共涉及12个村，共13 268户，总人口41 063人，拆除的村庄建设总占地面积804.7公顷。12个拆旧村中的7个村庄进行复垦，这7个村庄现状建设用地面积426.8公顷，全部复垦为耕地。挂钩周转指标用于华明示范小城镇建新区，示范小城镇位于华明镇中心地带，西接规划中的华明镇工业园，工业园区紧邻天津外环，示范镇建设规划用地约562公顷，安置村民住宅以及公共配套设施占地约230公顷，剩余约330公顷土地用于园区以及城镇建设。

在实施“土地增减挂钩”的过程中，对整理出的耕地，采取集中流转的方式，使用权统一归还到村集体，村集体根据农民的意愿，将集中连片的耕地统一流转给农业公司或种植大户，发展设施农业，集中发展蔬菜、花卉等附加值高的农产品。这不仅可以让农民获得稳定的土地收入，而且促进农业产业化水平，提高了农业的规模效益(图7—8)。对农民的安置，则采取宅基地换房的方式，农民的原宅基地和住房折合成新建城镇住房的面积，新区住房和公共设施由政府统一开发建设，农民不需要负担任何费用(图7—9)，开发费用来自于新增建设用地的出让收入。此外，为保证搬入新居的农民的长远就业，规划的园区与住宅区相邻，产业园区能够容纳的就业岗位约1万个，并且，相关配套设施能够实现园区与居民区的共用共享，例如，废水处理，园区与住宅区共用，日处理能力达到6 000吨。

图 7—8　天津华明镇复垦后建设的温室大棚以及拆旧复垦区①

图 7—9　天津华明镇建新区农民安置区

天津华明镇采取了大规模拆旧，整体集中搬迁建设的模式，总体而言，这一模式能够实施，得益于具备以下条件。首先，农民收

① 华明镇永和村在原村庄整理基础上，已建成 400 多个温室大棚，每个大棚土地整理与建设成本约为 10 万元，将成立农业公司统一管理，承包给农户经营，2008 年每个棚租金初步估计在 3 000～6 000 元，种植作物将有公司提供技术，对种植作物统一要求，预计每个大棚纯收入在 2 万元以上。

入达到较高水平，而且收入来源多样，特别是第二、第三产业成为农民收入的主要来源，农民就业已经趋于城市的状况。其次，在农民安置房上，能够使农民直接用宅基地换取一套甚至多套房子，不用支付买房费用，并且，农民明确获得房屋产权，房产变成了资产。再次，考虑农民搬迁进楼房集中居住后，居住成本提高，对此，采取了政府补贴的方式，例如，减免物业费，或由镇政府、村集体补贴等。同时，按村民自治机制，管理小区物业，最大限度降低物业管理成本。最后，政府政策的大力支持，除土地出让金全部返还，用于安置建设外，其他园区新增企业，缴纳的市级分享收入，五年内全部返还，用于社会公益性建设和管理支出，等等。

（二）远离都市区的“土地增减挂钩”模式

远离大都市区的“土地增减挂钩”整理出的建设用地，一种是向较发达的市镇集中使用，产生的级差地租收益用于支持农民建房或改善公共服务设施；另一种则是较为发达的村镇，通过建设用地整理，将减少的居民点用地，部分用于村庄发展，壮大集体经济。在远离都市区的“土地增减挂钩”模式中，以前一种情况居多。

1. 建设用地指标向城镇集中，收益支持农民住房建设和改善公共服务设施

对存在广大农业地区，村庄空心化较为普遍的地区，建设用地向城镇集中是“土地增减挂钩”的主要模式。这可能也是“土地增减挂钩”政策被批评者认为是额外获取建设用地指标的主要原因所在。在这类区域，通常情况下，整理新增的建设用地出让收益无

法满足完全补助农民建房所需的资金，农民建房还需要自己负担一部分。因此，对这类区域的“土地增减挂钩”，最重要的是农民自身要有搬迁或改善居住条件的强烈意愿①。

例如，四川资阳等丘陵地区，土地相对贫瘠，交通条件较差，经济相对落后。项目区所在地政府坚持先行规划和农民自愿原则，在交通、饮水条件相对较好，距耕种土地比较方便、占用耕地少的地块，按人均25平方米划定宅基地，由农民自建住宅。村庄统建后，政府统一建设垃圾集中堆放点，完善公共服务设施。通过“土地增减挂钩”，改善了农民生产生活条件。而在离成都较近的郫县，则通过集中建设中心村、聚居点，统一建设给排水设施、垃圾处理点等，引导农民集中居住，推动了城市基础设施、公益设施、现代文明向农村的延伸和覆盖，为实现城乡居民生活同质化，建设社会主义新农村奠定了基础。

山东章丘也把“土地增减挂钩”与新农村建设结合起来，并采取建新区向中心镇集中的方式。例如，章丘某村，由于在村庄自然形成和发展的过程中，相对缺乏规划，宅基地分布较乱，村庄外围多为新房，村庄内部房屋破旧，占地面积较大，形成空心村格局。通过“挂钩”整理，新增土地用于市内某开发区建设，由于建新区是工业用地项目（图7—10），因此，建新区土地出让收益扣除其配套设施建设成本后，政府所剩收益无几，把这些收益全部用于农民的补偿，每亩地不过3万元，平均到每个农户，不足2万元。而在以农民自建

---

① 用调查中成都郊区一位农民的话说：“我要是想搬迁，自己掏钱也愿意，要是我不想搬迁，政府给我钱也不满意。”

房为主的村庄，建设一座配套齐全的瓦房需要近 10 万元，如果村集体没有较多的积累，建新房成本全部由农民负担，则每户投入近 8 万元，这对农区农民来说是一笔巨大的支出。而对于居住条件较差、搬迁意愿强烈的农村居民，如果通过“挂钩”为其安排区位条件较好的区域，则政府的补贴将起到“投资带动”作用。例如，山东滕州某村在山沟中，全村 67 户 166 人通过挂钩搬到了镇政府驻地。

图 7—10　山东章丘已投产的企业与正在整理的村庄

2. 整合村庄建设用地，就地安置，将节约出的建设用地用于壮大集体经济

这类“土地增减挂钩”模式通常适合于村集体经济较为发达，村集体本身就有进行土地整理的较强意愿的地区。

例如，江苏张家港永联村，全村有 1 700 多户，分散居住。永联村集体经济实力雄厚，2006 年村集体可支配收入 5 000 万元，村内有全国 500 强企业——永钢集团，该村集体掌握有集团 90%的股份，村民人均收入高达 1.5 万元，其中村集体经济收益分红、本村福利、土地承包租金收入就达 5 000 元，农业生产已经从家庭经营转变为专业化的规模经营，农田都承包给种植公司，村集体每年获取 1 200 元/亩的租金。早在 2000 年，村集体就规划建设村民集中居住小区，占地 40 公顷，投资 6 亿元。“土地增减挂钩”试点政策实施后，江苏把永联村作为试点区，下达周转指标，全部用于农民集中居住区的建设。农民安置区的集体建设用地通过补缴征用费转为国有土地，集中居住区建成后，办理商品房房产证与土地使用权证。农民集中安置后，原村庄共整理出土地近 40 公顷，用于永钢集团发展。对农民安置房，旧房按照市场评估价与成新全额补偿，新居按照建设费的 55%出售给搬迁农民。安置区建设所需要的资金主要依靠村集体所持有的永钢集团的集体股分红。总之，永联村拥有强大的经济实力做基础，“土地增减挂钩”完全由村集体主导，政府只是提供政策支持。在方式上，则是土地村内挂钩，农民集中居住。

山东章丘向高村村办企业发达，2007 年，全村工业总产值达到约 1.7 亿元，农民人均纯收入近 9 000 元。向高村全村 692 户，原村占地 38.5 公顷，整理集中建设后，新村占地 15.1 公顷，腾退出的建设用地指标保留村集体保留约 3.5 公顷，用于村办企业发展。农民安置房以成本价的约 60%出售给农民(1 200 元/700 元)，住进楼房的村民无需缴纳物业费，费用由村集体全额补贴。此外，临沂市部分村庄也以这种模式为主，这些地区的农民人均纯收入都超过 5 000 元，在当地属于收入较高的村。

总体上，各种“挂钩”模式、实施条件以及对农民安置方式大致如图 7—11。

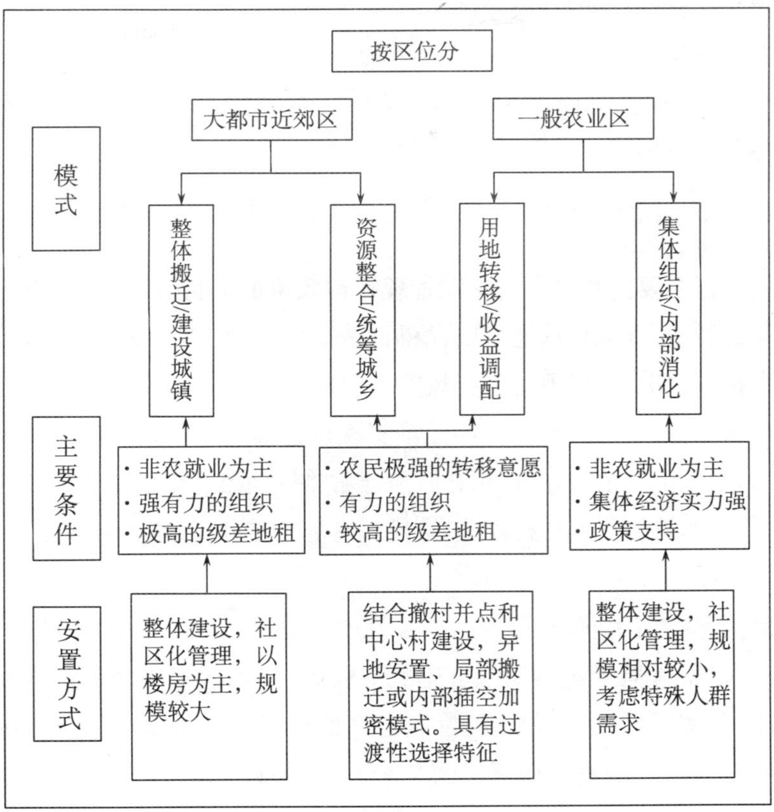

图 7—11　山东“土地增减挂钩”的几种模式与实施条件

二、“土地增减挂钩”中的资金筹措方式

资金保障是“土地增减挂钩”的关键。从农民住房的拆旧、建

新，对失地农民的补偿以及宅基地的复垦、基础设施投入等，都需要大量资金。资金筹措以及运作方式决定了挂钩能否顺利进行。各地在实施“土地增减挂钩”的过程中，主要的资金筹措和运作方式有政府主导和市场化运作两种主要模式。

（一）政府主导模式

指主要由政府来组织和管理挂钩政策的运行，政府作为组织策划者，负责项目选址立项、编制规划设计方案、筹措资金、监督工程执行情况，承担项目运行风险。政府土地行政主管部门调控周转指标，通过周转指标有偿让渡实现资金回收。在离大都市区较远，规模不是很大，土地出让收益通常难以满足资金平衡要求的地区，通常采取争取这种模式，该模式有利于控制风险。

在这种模式下，农民搬迁、补偿、拆旧、复垦、安置点建新等费用基本上由政府财政支付，而在这些地区，周转指标通常用于工业项目，但工业用地的出让价格较低，很难达到资金平衡。因此，在实际操作中，很多地区政府都把整理出来的原本用于工业项目的建设用地指标用于或部分用于商业经营性项目，以平衡资金之不足。例如，四川郫县原想通过“拆院并院”，整理出一部分建设用地，用于城市工业发展。但在实施过程中，由于工业用地的出让价格较低，很难达到资金平衡，因此建新区周转指标不得不改用于经营性项目，以平衡资金之需。山东在土地增减挂钩中也坚持政府主导模式，前期以政府财政投入为主，每个项目投资在 5 000 万元左右。随着挂钩政策的深入实施，对资金的需求将不断加大，为此探索新的融资模式，多元化投入、多渠道筹措资金。例如，除用建新地块实现的收益外，鼓励政府拿出部分土地出让金及其他涉农资金，引导交通、农业、林业、水利、建设、环保、电力等部门支农资金支持挂钩项目区。但总体上，仍然是政府主导的。

（二）市场化运作模式

市场化运作模式通过扩大和完善土地市场建设，运用市场机制来组织农村居民点建新和复垦工作，实现资金筹集、运作与政府脱钩，政府则通过法律法规来规范市场秩序、确保工程质量，起到监督、引导、协调和服务的职能，实现项目运作市场化、企业化。在市场化运作模式上，天津华明镇具有典型性，其项目概算总投资为39.67亿元，其中，征地费12.06亿元，建设费10.37亿元，配套费14.56亿元，不可预见费1.25亿元，利息1.43亿元。资金主要由华明镇所在的东丽区政府组建的滨丽公司作为投融资主体，按照市场化原则，以土地质押的方式，争取国家开发银行贷款。以华明镇自身的土地出让收益和以宅基地换房置换的建设用地指标收入，作为还款主要来源。华明镇地处天津近郊，土地升值潜力大。华明镇项目可以用于商品房开发的用地近200公顷，在土地复垦平整完成后，市场出让按1500万元/公顷能够偿还借款本金和利息，资金总体上是平衡的，实际上出让价格超过2 000万元/公顷。当然，这种方式也仅适用于拆迁成本不高、土地级差地租比较高的大中城市周边地区。

此外，如上文中提到的江苏永联村和山东向高村，采取的是村集体主导的模式。在实施过程中，类似于村集体内部循环，置换出的土地用于满足自身发展需求(向高村部分用于市域内开发区建设),资金主要由村集体解决。这种方式在一个集体内部,不涉及权属调整,公众参与性较强,并且,在资金筹集方式上也可以实现多元化。当然,这种类型适合集体经济发达的地区,是农民利益损失较小的模式。

三、"土地增减挂钩"实施的主要效果

(一)促进了农村人口的集聚,有利于农业结构的调整和产业化经营

实施"土地增减挂钩"中,对农民的安置通常采取集中居住的方式,便于统一提供公共服务。在农村宅基地复垦成耕地后,通过土地的位置调整和权属调整,实现了土地的集中连片,有利于农业结构调整和规模化经营。在城市郊区的农业用地,具有发展高效农业的优越条件;在远离城市的农业区,除了发展高效农业外,也可以采用规模化经营的方式,承包给龙头企业,统一经营。例如,山东临沂一些地区,将拆旧地块形成的耕地与周围大田成片连块,设置统一的田间排灌系统,并承包给种植公司统一经营,农民以股权获取分红收益,对于具有耕作意愿的农民,则通过调整,保留其承包地,提高了耕地的规模化效益;除了统一发包由农业公司经营外,其他整理出的土地很多都用于高效"温室"农业(图 7—12)。

图 7—12　山东临沂河东区和兰山区整理后的土地经营模式

（二）集聚有利于分工并创造了就业机会，拓宽了农民的就业渠道

就业保障是解决农民住进楼房后的关键。在实施挂钩的过程中，通常兼顾农民居住和园区的相对位置，方便农民能够在园区就业。在具体措施上，积极引导和鼓励企业直接参与农民的职业技能培训，使更多的农民上岗就业。例如，天津华明镇居住区近邻工业园区，天津武清项目区也都在离居住区不远的地方规划建设工业园区，江苏省某村在挂钩前后，通过进入园区就业和承包地分红，人均收入一年增长了近 50%。另外，农民集中居住后促进了产业分工，创造了就业，例如，天津华明把 4 万多人集中在小城镇居住后，新创造了保洁、保卫、绿化等新岗位 3 000 多个。总体而言，在住房、就业、社会保障等都解决地比较好的地方，涉及的农户满意度较高，表 7—1 反映了天津几个项目区随机选取的约 40 户农户的访谈调查的情况。

表7—1 天津某挂钩项目区40户农民满意度随机调查

		搬迁前	搬迁后
基本情况	居住面积(平方米)	41.9	38.5
	房屋价值	约6万元	约40万元
	每月支出(元/月)	326	442
	新增支出项目	自来水、燃气、供热、物业费等	
	对新增支出项目的态度	普遍表示能够接受,比如,物业费多在0.1～0.25元/平方米	
收入情况	人均收入(元)	9 973	
	农业收入比重	10%	
	务工收入比重	90%	
农地经营	人均耕地面积(亩)	0.75	0.75
	出租土地户比重	60%	
	自种土地户比重	20%	
	无地户比重	20%	
总体反映	总体满意度	100%	
	满意的地方	全部受访农户在谈及满意的地方时,都认为居住环境大大改善	
	不太满意的地方	生活压力增大,特别是在离中心城区较远的项目区,有被访农户认为"原来在村里住,虽然想着挣钱,但不像现在,以前没钱了也能生活;但现在必须要找些事情做。"	

（三）集聚提高了公共投入的效率，显著改善了农民的生活质量

农民集中居住后，有效提高了农村公共基础设施投入的规模效益。而通过集中建设水、电、气等配套服务设施，统一建设给排水设施、垃圾集中堆放点等，改善了农民的居住环境，让广大农民享受了优质的公共服务；此外，通过集中建设居住，促进了商业、医疗等便民服务中心的建设发展，极大地方便了居民生活。楼房也提供了较平房而言更干净整洁的环境（图 7—13），例如，住进楼房后，由于统一的供暖，解决了北方广大农村地区冬天保暖问题。当然，对于仍从事农业生产的地区，住进楼房可能带来不便，在这方面，天津武清区考虑农民就业特点，根据农民需求，为农民小区单独建设了农具存放区。

图 7—13　山东临沂兰山区葛疃村待拆区与安置区比较

（四）促进人口和土地的同步城镇化，较好地协调了发展和保护的矛盾

“土地增减挂钩”实现了对分散的、低效利用的农村建设用地

的整理复垦，整理后节省的建设用地可用于农民新居和城镇建设，从而能够有效优化城乡建设用地布局，促进土地节约集约利用，实现人口城镇化和土地城镇化的同步。从实际执行情况看，天津几个挂钩试点整理前后人均建设用地面积下降到原来的 1/3 左右。部分地区通过挂钩，不仅保证了耕地面积不下降，而且实现了耕地面积的增加，例如，天津一个项目区在挂钩试点中复垦出耕地 740 公顷，建新区实际占用耕地 590 公顷，净增加耕地面积 150 公顷。此外，从拆旧区的情况看，挂钩实施显著增了村庄占有的耕地面积，以山东章丘市某村为例，旧村改造面积 45 公顷，新村规划面积 24 公顷，通过旧村整理，新增耕地 21 公顷，户均可多获得耕地约 0.04 公顷。总之，通过挂钩政策，较好地解决了同时保障经济社会发展用地和保证耕地数量不减少、质量不降低的难题，解决了保护资源和保障发展之间的矛盾，为城乡统筹发展创造条件。

四、“土地增减挂钩”需要解决的几个问题

“土地增减挂钩”政策仍处于试点阶段。考虑到全国各地发展水平、资源状况区位条件等的巨大差异，挂钩的操作方式上也有显著不同。由于挂钩关系到农民的切身利益，也关系到村集体组织管理等各个方面，因此，有必要在继续试点中探索积累经验。根据以上对挂钩政策模式、效果等分析，需要重点探索以下问题。

（一）如何使“挂钩”充分与相关规划衔接

土地“挂钩”工作尚处于试点阶段，各地在安排相关工作时通

常具有权宜性和临时性，可能导致通过“挂钩”新增的城镇建设用地布局与相关规划不能充分衔接，突破已有的约束性规划。因此，开展“挂钩”试点的区域有必要在相关规划的约束和指导下编制专项规划，统筹新增城镇用地和缩减农村用地的空间安排。

（二）如何切实保障和协调农民的当前利益与长远利益

在试点阶段，“土地增减挂钩”项目区资金、土地等封闭运行，建新区土地出让金全部用于项目区农民权益保障以及建设。由于工业用地和商业用地出让价值的巨大差异，建新区用于商业开发的，土地出让收入高，可用于农民补偿的资金就充裕，农民得到的现实利益就多，但后续工作机会需要给予充分考虑；建新区以工业用地为主的，土地出让收入低，用于补偿农民的资金少，甚至在住房上往往需要农民投入建设所需的绝大部分资金，这难免造成冲突和矛盾，并且如果拆旧区农民离建新区较远，则不仅没有工作机会上的优势，也缺少建房资金方面的现实利益。因此，既要充分考虑农民的现实利益，如免费住房，又要考虑农民的长远保障（工作机会），为此，需要在出让土地用地结构以及后续收益分配上制定相关规则，确保农民权益。这也是推动“挂钩”工作的基础。

（三）如何清楚界定新增土地的权属

清晰的权属是避免利益纠纷的关键，因此对于复垦后耕地的权属界定工作，具有深远意义。“挂钩”工作的相关指导文件并未就权属问题提出较为明确的规定，这给各挂钩试点区留下了自主探索的空间。当然，由于各试点区在“挂钩”工作中对权属认定缺乏统一的指导，也可能导致新增耕地权属的不明确。例如，对大城市郊区，“宅基地换房”后，原宅基地上复垦出的耕地归谁所有？对偏远地区，如果涉及村庄合并的，整理出的耕地归哪个集体组织所有？它们是否享有建新区土地的部分股权等等，有关土地权属是需要进一步探索和明确的问题。

（四）如何严格保证耕地质量不下降

“土地增减挂钩”完成后，要保证耕地数量不减少、质量不降低，这也是“挂钩”工作验收评价的核心之一。通过拆旧区的复垦和土地平整，实现耕地数量不减少的目标较容易达到，但要保证耕地质量不下降，需要综合考虑耕作层和熟土层的厚度、土壤养分和持水性能等，甚至需要较长时间作物产量的对比分析。因此，在评价和控制标准方面应充分考虑各种因素，真正做到能够通过严格的标准控制，确保耕地质量不降低。山东在挂钩中，提出复垦为耕地的部分，丘陵地区通常建设梯田，平原地区建设方田，地面平整，土层深厚，整理土地土层厚度不低于60厘米，同时，道路、水利、林网等配套建设也积极跟进。

第四节　农村土地制度改革展望

从上述对农村土地制度对城乡差距的影响程度以及土地制度改革在促进城乡协调发展中的作用的分析中，结合我国农村土地制度改革的进程，提出进一步改革和完善农村土地制度方向，以更好地发挥其在城乡一体化中的作用。

一、提高农业补贴，确保农民完全享有农地农业生产收益

到2007年，我国第一产业增加值占GDP的比重已经下降到11.3%，而一产从业人员仍然达到40.8%，虽然农业创造的增加值比重较小，但却直接关系到规模庞大的从业人员的收入。农业收入在一定程度上承担农民社会保障的功能仍将长期存在。从农业生产维护国家粮食安全的角度看，随着市场化改革的深入，国家粮食安全保障的措施一方面是通过土地用途管制，维持一定规模的农业生产用地，确保粮食生产的基础；另一方面，需要通过更加市场化的方式向农民"购买"粮食安全，先后于2004年开始实施种粮直接补贴政策，2005年免除农业税，实施农业补贴以来，补贴额度逐年提高，确保了粮食产量的稳定持续增加，2010年的中央一号文件仍然强调"坚持对种粮农民实行直接补贴"，对农业的补贴将是长期的政策。因此，农地农业生产的全部收益包括以补贴形式存在的农地"附加收益"将全部归农民所有。而随着经济社会发展以及农地功能的变化，农民对农地的资源性需求日益演变为资源性和财产性、并偏重于财产性的综合需求，即农地不仅是提供农产品、保障农民生活的自然资源，而且需要在非农就业机会增加的情况下，通过农地流动和再配置带来收益。改革以来，特别是改革确定的土地承包时间到期的20世纪90年代以来，农地制度改革正是沿着赋予农民更有保障而灵活的土地使用权而进行——在限定农地农业用途的前提下，不断完善和发展农民对农地的权能。十七届三中全会提出"赋予农民更加充分而有保障的土地承包经

营权,现有土地承包关系要保持稳定并长久不变”。在保障和稳定土地承包经营权的基础上,通过保护、鼓励土地流转,并继续深入拓展承包经营地的其他权能,进一步赋予农地可流动性财产的性质,是农地制度继续完善和发展的方向。稳定而持久的土地承包经营权和农地日益显著的流动性财产性质将确保农民获得其承保经营农地的全部收益。

二、不断提高农民非农建设用地收益分配份额,强化农民对集体建设用地的产权

在城镇化、工业化背景下,农地功能发生了深刻变化。而对农地收益界定的焦点也已经不是农地农业生产的收益。对农民而言,存在“争夺”空间的也已经不是农地农业生产收益,而是农地转用以及集体建设用地收益。为界定农地的转用增值收益,各地农民都在积极“探索”获取集体建设用地增值收益的方式。在这一方面,较为成功的例子当属前述的南海模式和昆山模式,南海模式早在 20 世纪 90 年代就已初现端倪。与此类似的是“昆山模式”,不同之处在于“南海模式”中土地转用的主体是集体,而昆山模式中的土地转用的权利主体是农民。进入新世纪以来,随着高房价的出现,城市周边郊区农村集体“探索”出一条更为直接的获取建设用地转用增值收益的方式——“小产权房”[①]。如果说土地股份化、集体用地直接入

① 农村集体组织开发在集体土地上建设并对集体组织外成员出售的房屋。

市用于工业项目还勉强可以找到法律上的依据[①]的话;那么集体用地直接入市用于房地产开发项目的"小产权房"则已经公开挑战了法律底线,但面对规模如此之大[②],涉及人口数量如此之多的"既成事实",土地以及房产管理部门应对措施都有些力不从心。面对风起云涌的农村建设用地入市,同时,在城乡一体化发展日益深入实践的情况下,国家对农村建设用地入市持谨慎放开的态度,十七届三中全会则明确提出"逐步建立城乡统一的建设用地市场",这将为农村建设用地入市,农民享有建设用地增值收益提供制度保障。作为与这一制度紧密关联,并在我国发挥了巨大作用的"征地制度",其改革方向则是逐步缩小范围和完善征地补偿机制(钱忠好,2004;严金明,2009)。无论是通过征地还是集体建设用地直接流转,都要求符合"土地利用总体规划",因此,未来可能的方向是在土地规划范围内,城镇建设用地需要通过征地,而对规划范围外,则可以通过集体建设用地流转。但无论是征地还是建设用地流转,都将遵循"同地、同价",即农地转用中的增值收益将更加向农民倾斜。

---

① 按照《土地管理法》规定,农民集体所有的土地的使用权不得出让、转让或者出租用于非农业建设;但也为集体土地入市留了空间,即农村集体经济组织可以使用乡(镇)土地利用总体规划确定的建设用地兴办企业或者与其他单位、个人以土地使用权入股、联营等形式共同举办企业。

② 例如,根据中大恒基2007年的一份统计报告,北京400余个在售楼盘中,小产权楼盘约占市场总量的18%,北京约有小产权楼盘72个,总面积预计超过720万平方米。

三、探索处于不同区位的农民平等享有土地"发展权"的土地开发方式

虽然我国土地权利体系中尚没有土地发展权的概念,但对农村集体建设用地入市的逐步放开已经涉及赋予集体组织土地发展权的范畴(黄祖辉等,2002; Jieming Zhu, 2004)。在允许建设用地入市后,防止非农建设用地过度挤占农用地的控制途径则是"土地利用总体规划",例如,《土地管理法》有关集体建设用地入市的例外情况要求"符合土地利用总体规划",建立城乡统一的建设用地市场的过程中,也要求在"依法取得的农村集体经营性建设用地上……在符合规划的前提下与国有土地享有平等权益。"可见,土地利用总体规划在土地管理中被赋予了至高的地位。在土地制度改革、建设用地市场发展等方面,在不断强调发挥市场机制作用的前提下,国家将更多地通过"规划"调控土地利用。而要发挥"规划"的调控作用,确保规划的权威性,必须以规划的公正性和公平性为前提,只有全面而切实的公众参与才能实现规划的公正性和公平性,这也是国内外"规划"都高度强调和重视公众参与的原因。随着我国在规划控制下对农村建设用地市场逐步放开的改革,农村集体将认识到进入规划圈可能是能否获得建设用地收益的关键,在这一情况下,现有的以建设用地指标分配为重要内容的土地规划将不再很容易地达到一致。即,各集体都将争取自己的建设用地范围,以期在未来获得增值收益,诚然,建设用地能否获得足够的增值收益与区位条件密切相关,但在具有平等投票权的公众

参与机制下，如果没有优等区位条件下放弃一定利益补偿次等区位条件的村集体，那么使具有次等区位条件的村集体放弃本集体可以争取的具有“潜在”收益的建设用地的权利是很困难的。在这种情况下，在空间上对区位条件赋予一定权重之后，平等配置土地发展权，允许土地发展权买卖，可能是一个可供选择的方向。在具体实践上，可结合国家对农业产区的各类补贴，通过地区间的转移支付，使农业区享有工业区用地增值的部分收益。

第八章　农村土地制度改革探索追踪

“土地增减挂钩”实施已有几年的时间，是当前土地管理制度中的一项极为重要的探索，一直也是一个庙堂关注、坊间热议的话题。对“土地增减挂钩”，赞成者众，反对者亦不少。本章进一步就“土地增减挂钩”的有关问题进行讨论和分析。

第一节　“土地增减挂钩”规划及效益：一个案例

本节以辽宁锦州某城镇“土地增减挂钩”项目为例，简要介绍了规划的要点以及实施增减挂钩的主要效益。

一、“土地增减挂钩”规划项目区简介

土地增减挂钩有关管理办法主要依据《城乡建设用地增减挂钩管理办法》（国土资发【2008】138 号）（附于本节后），按照国土资源部以及辽宁省有关增减挂钩的要求，根据该城镇土地利用现状和发展规划，选择项目区拆旧区和建新区，共同组成挂钩项目区，申请使用城乡建设用地增减挂钩周转指标 66.67 公顷（1 000 亩）。

(一)拆旧区

对于拆旧区,鉴于该城镇废弃砖瓦窑规模较大,散布在各行政村外围或农田集中区内,影响村庄环境和集中耕作的状况。规划本着先易后难、减少社会矛盾、有利于土地整理复垦后集中连片的原则,优先对各村庄废弃砖瓦窑进行整理,并选择部分搬迁意愿强烈的村庄中的部分农户,进行集中搬迁安置。

拆旧区总面积 67.41 公顷(1 011.09 亩),以废弃砖瓦窑用地为主,同时涉及拆迁的农户共 42 户、150 人。拆旧区涉及的六个村庄人均耕地面积从 1 亩到 2.2 亩不等,村庄从事第一产业的劳动力比重多仍然较高,来自第一产业的收入仍是农民收入的重要来源,增加农民有效人均耕地面积对农民增收具有积极意义。

表 8—1 拆旧区涉及的村庄概况

行政村名	户数(户)	人口(人)	一产劳动力(%)	人均收入(元/年)	村集体耕地面积(亩)	人均耕地(亩)	拆旧地块面积(亩)	拆旧涉及户数
姚屯	750	2 468	80.0	6 851	3 721	1.51	108.83	
河下头	607	1 985	91.4	8 546	2 534	1.28	259.12	
孙庄	1 023	3 342	67.8	8 150	5 856	1.75	277.76	42
獾子洞	945	2 640	69.7	8 978	2 666	1.01	98.21	
丁家	1 250	3 801	73.8	8 715	6 317	1.66	50.14	
马家荒	1 186	3 530	81.5	8 875	7 857	2.23	217.04	

（二）建新区

建新区合计 66.67 公顷（1 000 亩），全部使用周转指标，用于城镇新区以及工业园区建设。新区是城镇功能提升、空间拓展的主要载体，承接老城区人口转移，建新地块用于商住开发，并包括部分拆迁农户安置用地；工业园区是省级开发区，园区产业基础好，发展势头强，仅近期就有三家大型企业等待落地，建新地块全部用于工业发展。两个区域内的建新地块均符合土地利用总体规划和城镇总体规划要求，且占用土地全部为一般耕地，不涉及基本农田。

二、项目区规划方案

（一）拆旧方案

拆旧区涉及拆迁农户 42 户、150 人。拆迁农户临近废弃砖瓦窑用地，居民生产生活受废弃砖瓦窑影响较大，并且，该行政村居民生产生活方式基本已经实现非农化。农户拆迁后整理复垦为周边同等土地，等级与周边区域保持一致。

（二）建新方案

建新区使用挂钩周转指标 66.67 公顷（1 000 亩），主要集中布局在两个区域，其中，城镇发展新区建新区总面积 51.05 公顷，现状地类为旱地、水浇地等，建新地块主要用于城镇开发建设，以商服发展和住宅为主；农民安置采取由政府购买商品房分配给农民的方式，因此不再单独计算安置用地。工业园区使用周转指标15.62公顷，现状地类包括水田、沟渠等，建新地块用于工业发展。

（三）搬迁农民安置方案

1. 安置补偿方式

根据农民居住和生产、生活现状，结合农民意愿，全部采用“房屋置换”方式进行安置补偿。由于涉及户数较少，采用政府统一购置房屋安置的方式。对于村民所拥有的住宅房屋，首先认定有效置换面积，对自然院落内符合认定标准的主房，按1∶1标准置换；符合认定标准的附房按“拆四还一”标准置换。上述置换标准适用于砖混结构，砖石、砖木、土房结构要按标准补交一定资金。符合认定标准的房屋确定有效置换面积后，参照城镇有关人均住房标准，达到或超过户人均25平方米住房标准的，据实确定置换面积；户人均不足25平方米住房标准的，依搬迁户自愿，可按1 880元/平方米的标准购至人均25平方米；搬迁户原有住房有效置换面积（不含享受优惠待遇面积）大于所选新区住宅面积部分，在搬迁户自愿的前提下，政府以1 880元/平方米的价格收购。

2. 安置地点

按照有利生产、方便生活和节约集约利用土地的原则，考虑搬迁农民实际，选择在城镇发展新区统一安置。拆旧区需搬迁农户42户，按户均安置占地（包括房屋、基础设施和公共服务设施）120平方米计算，需安置房总面积5 040平方米。

（四）拆旧区整理复垦方案

拆旧区废弃砖瓦窑和农村宅基地整理复垦可新增耕地 66.67 公顷(1 000 亩)，其他农地 0.74 公顷(11.09 亩)。

1. 整理复垦标准

田块标准 整理复垦应达到下列标准：建设用地全部拆除，建筑垃圾及地上附属物全部清理干净，项目区土地相对平整。在田块布置上有利于作物的生长发育，有利于田间机械作业，有利于水土保持，满足灌溉排水的需要，偏于生产管理，提高经济效益。

道路工程标准 道路是农田基础建设的重要组成部分，关系到农业生产、交通运输和农业机械化各方面的需要。在整理规划中，要对道路做出全面规划。在乡镇一级范围内，一般可分为干道、支道、田间道和生产道四级。在具体的规划方案中，考虑农耕机械化和物资流动量大的特点及未来农业发展和项目区内的实际情况，充分利用原有道路，统筹规划，在降低成本的同时，提高道路的效率。

农田水利工程标准 农田排灌设施布置合理，田间排涝标准一般在十年以上，排灌渠道的设置应各成体系，满足当地生产条件。

防护林标准 宜林道路两侧应种植农业防护林带，减少风灾对农作物生长的影响；在丘陵地区的田坎应栽种护坡植物，减少水土流失。

电力工程标准 拆旧区经整理后新增耕地灌溉后，需要配套相应的电力供应设施。为了满足排灌工程供电需要，电力工程本着线路距离近、投资少的原则进行设计。低压线走线根据渠房位置、按最短线路原则沿道路布线。

2. 整理复垦工程规划

土地平整　土地平整主要利用机械对农村建筑垃圾进行清运、深耕，削高填低，尽量使开发后田块相对集中成片，便于机械、规模化耕作。丘陵地区通过整理消除田间隙地、荒草地，在有些地区可以利用人工修砌石堰、建梯田、栽植护坡植物等方式减少水土流失。

农田水利工程　包括灌溉工程和排水工程。拆旧区水源主要有三种方式：①利用现有地表坑塘水源；②利用拆旧区毗邻的塘坝或河流进行调水灌溉；③根据地下水源储量，打井配套水泵抽取地下水。在实施过程中，要根据拆旧区的具体实际，在节约成本、方便生产的情况下，布置灌溉工程。排水沟设计按照习惯沿田间两侧布置，断面采用梯形，便于考虑施工地实际情况合理布局。

拆旧区内道路工程　为方便农业生产，有利于机械化耕作，拆旧区内应有完善的道路系统。拆旧区道路采用田间道和生产路两级，田间道为泥结碎石路；生产路为素土夯实路面。

土壤改良工程　规划实施完成后，针对拆旧区新增耕地（农村建设用地复垦）地力贫瘠、产出率低的特点，应采取必要的土壤改良措施，是改善生产条件、提高土地利用率、增加效益的主要途径。建立完善的水利配套措施。在拆旧区内修建灌排工程，配套相关水利设施，改善水浇条件，缩短轮灌期，科学地调节田间土壤水分平衡状态和地下水水位，为作物营造良好生长环境。

3. 农用地等别变化

拆旧地块主要整理复垦为旱地和水浇地，等级与周边区域保持一致。经过对农用地分等定级情况的分析测算，通过增减挂钩，项目区内耕地面积没有减少，高等别耕地面积增加；总体上既增加了耕地有效面积，又提高了耕地质量，农用地等别有所提高。

三、项目投资与资金筹措

（一）投资估算

项目区投资主要包括五个方面：一是拆旧区拆迁费用；二是拆旧区土地整理复垦费用；三是农民安置区费用；四是建新区土地一级开发费用；五是前期工作、工程监理、项目管理以及其他不可预见费用。

其中，拆旧区拆迁费用包括房屋拆迁补偿费、地上附着物补偿费、农民拆迁补助费。建新区土地一级开发费用，建新区土地一级开发涉及土地的统一征地、拆迁、安置和补偿以及市政配套设施建设，建新区土地一级开发费用考虑土地征收费和市政配套设施建设费。其他费用，项目前期工作、工程监理、竣工验收、项目管理以及其他不可预见费用，按总费用的5%计算。据此，项目区投资估算合计2.59亿元。

（二）资金筹措

本着风险可控的原则，城镇土地增减挂钩试点资金筹措着重建新区土地市场的运转，投入主体以政府为主。包括：土地出让收益、土地出让税费、财政补贴、银行贷款等。其中建新地块实行有偿供地所得收益是政府筹资的主要来源，应全部用于项目区内农村和基础设施建设，并按照城市反哺农村、工业反哺农业的要求，优先用于支持农村集体发展生产和农民改善生活条件。土地出让税费主要包括两税一费——城镇土地使用税、新增建设用地有偿使用费和耕地占用税。

其中，土地出让收益分别按城镇商住用地和工业园区工业用地价格测算；土地出让税费包括：城镇土地使用税、耕地占用税、新增建设用地有偿使用费、耕地开垦费。经核算，挂钩实施共可筹集资金 2.67 亿元，相比挂钩所需资金，剩余 852 万元(其中包含各类税费征缴管理费等)。各项资金如能按计划落实，挂钩项目资金能够平衡。剩余资金酌情用于土地整理复垦后，农田水利设施的维护以及相关拆旧村庄的公共设施建设，确保农民从增减挂钩中得到实惠。

四、规划实施效益

实施规划具有显著经济、社会和生态效益。

首先，从经济效益看，66.67 公顷的城乡建设用地增减挂钩周转指标，能有效缓解城镇建设用地指标紧张的困境，满足城镇统筹城乡和跨越式发展的用地需求。拆旧区村庄周边大部分为基本农田和一般耕地，规划实施后，整理复垦为高等别耕地，形成连片适耕土地，有利于农业规模化经营，增加农业产值和农民收入。

其次，通过城乡建设用地增减挂钩，社会效益明显。一是通过农村建设用地整理，能够有效改变村容村貌，改善村庄人均环境，有利于社会主义新农村建设；二是优化了土地利用结构和布局，提高了土地利用率，使有限的土地创造出更多的价值，解决了城镇用地指标不足这一制约经济社会发展的“土地瓶颈”；三是有效解决城镇发展问题，挂钩试点与小城镇综合改革相结合，使更多的农村劳动力离土不离乡，就近转移到第二、第三产业，从而避免过多地集中在大城市，以期形成合理的城镇体系布局，促进城镇与农村的协调发展，推进城镇化建设步伐。

最后，挂钩也具有显著的生态效益。一方面，通过农村建设用地整理，可使村庄聚集，农田集中成片，路渠改善，林网兴建，有利于改善人文和自然景观生态环境，更有利于机械化、规模化生产；防护林建设能改善水土结构和田间小气候，提高旱涝保收能力，降低洪涝、干旱等自然灾害的威胁；增强抵御自然灾害的能力。另一方面，通过田、水、路、林、村的综合开发建设，能提高土壤肥力水平，改善农作物生长环境，促进生态系统的稳定和土地生产力的提高，同时，使农业综合生产能力进一步得到提高，为建立现代农业奠定良好的生态环境。

附：城乡建设用地增减挂钩管理办法（国土资发【2008】138号）

第一条　为进一步加强和规范城乡建设用地增减挂钩试点工作，根据《国务院关于深化改革严格土地管理的决定》（国发【2004】

28 号)的规定,制定本办法。

第二条　本办法所称城乡建设用地增减挂钩(以下简称挂钩)是指依据土地利用总体规划,将若干拟整理复垦为耕地的农村建设用地地块(即拆旧地块)和拟用于城镇建设的地块(即建新地块)等面积共同组成建新拆旧项目区(以下简称项目区),通过建新拆旧和土地整理复垦等措施,在保证项目区内各类土地面积平衡的基础上,最终实现增加耕地有效面积,提高耕地质量,节约集约利用建设用地,城乡用地布局更合理的目标。

第三条　挂钩试点工作应以落实科学发展观为统领,以保护耕地、保障农民土地权益为出发点,以改善农村生产生活条件,统筹城乡发展为目标,以优化用地结构和节约集约用地为重点。具体遵循以下原则:

(一) 以规划统筹试点工作,引导城乡用地结构调整和布局优化,推进土地节约集约利用,促进城乡协调发展;

(二) 以挂钩周转指标安排项目区建新拆旧规模,调控实施进度,考核计划目标;

(三) 以项目区实施为核心,实行行政辖区和项目区建新拆旧双层审批、考核和管理,确保项目区实施后,增加耕地有效面积,提高耕地质量,建设用地总量不突破原有规模;

(四) 因地制宜,统筹安排,零拆整建,先易后难,突出重点,分步实施;

(五) 尊重群众意愿,维护集体和农户土地合法权益;

(六) 以城带乡、以工促农,通过挂钩试点工作,改善农民生产、生活条件,促进农业适度规模经营和农村集体经济发展。

第四条 国土资源部负责对全国挂钩试点工作的政策指导、规模调控和监督检查；试点省（区、市）省级国土资源部门负责辖区内试点工作的总体部署和组织管理；试点市、县国土资源部门负责本行政区域内试点工作的具体组织实施。

挂钩试点工作应当由市、县人民政府组织协调，相关部门协同配合，共同推进。

第五条 挂钩试点工作实行行政区域和项目区双层管理，以项目区为主体组织实施。项目区应在试点市、县行政辖区内设置，优先考虑城乡结合部地区；项目区内建新和拆旧地块要相对接近，便于实施和管理，并避让基本农田。

项目区内建新地块总面积必须小于拆旧地块总面积，拆旧地块整理复垦耕地的数量、质量，应比建新占用耕地的数量有增加、质量有提高。

项目区内拆旧地块整理的耕地面积，大于建新占用的耕地的，可用于建设占用耕地占补平衡。

第六条 挂钩试点通过下达城乡建设用地增减挂钩周转指标（以下简称挂钩周转指标）进行。挂钩周转指标专项用于控制项目区内建新地块的规模，同时作为拆旧地块整理复垦耕地面积的标准。不得作为年度新增建设用地计划指标使用。

挂钩周转指标应在规定时间内用拆旧地块整理复垦的耕地面积归还，面积不得少于下达的挂钩周转指标。

第七条 挂钩试点市、县应当开展专项调查，查清试点地区土地利用现状、权属、等级，分析试点地区农村建设用地整理复垦潜力和城镇建设用地需求，了解当地群众的生产生活条件和建新拆旧意愿。

第八条　挂钩试点市、县应当依据土地利用总体规划和专项调查，编制挂钩试点专项规划，统筹安排挂钩试点项目区规模布局，做好与城市、村镇规划等的衔接。

第九条　挂钩试点县（区、市）应依据专项调查和挂钩试点专项规划，编制项目区实施规划，统筹确定城镇建设用地增加和农村建设用地撤并的规模、范围和布局，合理安排建新区城镇村建设用地的比例，优先保证被拆迁农民安置和农村公共设施建设用地，并为当地农村集体经济发展预留空间。

项目区实施规划内容主要包括农村建设用地整理复垦潜力分析，项目区规模与范围，土地利用结构调整等情况；项目区实施时序，周转指标规模及使用、归还计划；拆旧区整理复垦和安置补偿方案；资金预算与筹措等，以及项目区土地利用现状图和项目区实施规划图。

第十条　挂钩试点工作必须经国土资源部批准，未经批准不得自行开展试点工作。

省级国土资源部门制定试点工作总体方案，向国土资源部提出开展挂钩试点工作申请。国土资源部对省级国土资源部门上报的试点工作总体方案进行审查，并批准挂钩试点省份。

经批准的试点省级国土资源部门，依据试点工作总体方案，组织市、县国土资源部门编制项目区实施规划，并进行审查，建立项目区备选库；根据项目区入库情况，向国土资源部提出周转指标申请。

国土资源部在对项目区备选库进行核查的基础上，按照总量控制的原则，批准下达挂钩周转指标规模。

第十一条　挂钩试点应当具备以下条件：

（一）建设用地供需矛盾突出，农村建设用地整理复垦潜力较大；

（二）当地政府重视，群众积极性较高；

（三）经济发展较快，具备较强的经济实力，能确保建新安置和拆旧整理所需资金；

（四）土地管理严格规范，各项基础业务扎实，具有较强制度创新和探索能力。

第十二条　试点省（区、市）应根据国土资源部批准下达的挂钩周转指标规模，在项目区备选库中择优确定试点项目区，对项目区实施规划和建新拆旧进行整体审批，不再单独办理农用地转用审批手续。整体审批结果报国土资源部备案。

项目区经整体审批后方可实施，未经整体审批的项目区，不得使用挂钩周转指标；未纳入项目区、无挂钩周转指标的地块，不得改变土地用途，涉及农用地改变为新增建设用地的应依法办理农用地转用手续。

第十三条　项目区实施前，应当对建新拟占用的农用地和耕地，进行面积测量和等级评定，并登记入册。

第十四条　挂钩试点实施过程中，项目区拆旧地块整理要严格执行土地整理复垦的有关规定，涉及工程建设的，应当执行项目法人制、招投标制、工程监理制、公告制等制度。

第十五条　挂钩周转指标分别以行政区域和项目区为考核单位，两者建新地块的面积规模都不得突破下达的挂钩周转指标规模。对各项目区挂钩周转指标的使用情况，要独立进行考核和管理；对试点市、县挂钩周转指标的使用情况，要综合行政辖区内的所有项目区进行整体考核和管理。

试点市、县国土资源部门应按照“总量控制、封闭运行、定期考核、到期归还”的原则，制定建立挂钩周转指标管理台账，对挂钩周转指标的下达、使用和归还进行全程监管。

挂钩周转指标从项目区整体审批实施至指标归还的期限一般不超过三年。项目区要制定分年度指标归还计划，试点市、县国土资源部门督促落实指标归还进度；试点省级国土资源部门每年应依据指标归还计划，对各试点市、县挂钩周转指标归还情况进行考核验收。

第十六条　项目区建新地块要按照国家供地政策和节约集约用地要求供地和用地。确需征收的集体土地，应依法办理土地征收手续。

通过开展土地评估、界定土地权属，按照同类土地等价交换的原则，合理进行土地调整、互换和补偿。根据“依法、自愿、有偿、规范”的要求，探索集体建设用地流转，创新机制，促进挂钩试点工作。

第十七条　项目区选点布局应当举行听证、论证，充分吸收当地农民和公众意见，严禁违背农民意愿，大拆大建；项目区实施过程中，涉及农用地或建设用地调整、互换，要得到集体经济组织和农民确认。涉及集体土地征收的，要实行告知、听证和确认，对集体和农民妥善给予补偿和安置。

建新地块实行有偿供地所得收益，要用于项目区内农村和基础设施建设，并按照城市反哺农村、工业反哺农业的要求，优先用于支持农村集体发展生产和农民改善生活条件。

第十八条　市、县国土资源部门对挂钩试点工作要实行动态监管，每半年将试点进展情况向上级国土资源部门报告；省级国土资源部门应定期对本行政辖区试点工作进行检查指导，并于每年年底组织开展年度考核，考核情况报国土资源部备案。

第十九条　项目区实施完成后，由试点县级国土资源部门进行初验。初验合格后，向上一级国土资源部门申请，由省级国土资源部门组织正式验收，并将验收结果报部备案。

项目区验收时，需提供 1：1 万或更大比例尺的项目区土地利用现状图和必要的遥感影像资料，与项目区实施前的图件资料进行比对和核查。

第二十条　项目区竣工验收后，要在规定的时间内完成地籍调查和土地变更调查，明确地块界址，并依法办理土地变更登记手续。

第二十一条　试点各级国土资源部门应运用计算机等手段，对建新拆旧面积、周转指标、土地权属等进行登记、汇总，建立项目区数据库，加强信息化管理。

第二十二条　国土资源部定期对试点工作进行检查，对未能按计划及时归还指标的省（区、市），要限期整改，情节严重的，暂停挂钩试点工作；对于擅自扩大试点范围，突破下达周转指标规模，停止该省（区、市）的挂钩试点工作，并相应扣减土地利用年度计划指标。

第二十三条　试点省（区、市）可结合本地区实际情况，参照本办法，制定具体实施办法。

第二节　部分地区“土地增减挂钩”实施情况

“土地增减挂钩”试点工作自2005年正式启动。到2006年，为支持全国发展改革试点镇试点工作，国家发改委办公厅和国土资源部办公厅联合下发《关于在全国部分发展改革试点小城镇开展规范城镇建设用地增加与农村建设用地减少相挂钩试点工作的通知》（发改办规划【2006】60号）。自此，全国部分发展改革试点镇在有关部门指导下，开始开展土地增减挂钩工作。为了解增减挂钩工作实施的情况，自2011年12月到2012年1月，以全国发展改革试点镇为调研对象，先后对黑龙江、浙江、广东、河北等省份部分全国发展改革试点镇的城乡建设用地增减挂钩情况进行了追踪，走访了项目区部分农民群众，并对各地增减挂钩开展情况进行了分析和思考。总体来看，各省发展改革试点镇在推进增减挂钩工作过程中，充分结合本地条件、从实际出发，在挂钩操作模式，包括主导方式、规范管理、规划引导等方面积累了经验。同时，通过实施增减挂钩，在统筹城乡发展、优化用地结构、创新社会管理等方面取得了较为显著的成效。

一、各地实施“土地增减挂钩”的主要做法与成效

（一）主要做法

1. 政府主导，部门联动，提高统筹层次

由于试点镇在所在县（市、区）经济社会发展中具有重要地位，

其增减挂钩工作都受到上级党委、政府的高度重视。在操作过程中，各地注重从经济社会发展全局出发，把增减挂钩与城乡统筹发展、新农村建设、加快城市化进程以及全面优化用地结构结合起来，普遍成立了由上级党委、政府主要负责人领导，由县(市、区)发改、国土、规划、农业、住建、财政等部门组成的领导小组，协调解决挂钩工作中的规划、资金、审批等问题，试点镇则组建工作组，具体负责挂钩工作的实施。

2. 规范管理，完善规章，加强政策指导

各试点镇所在省份都制定了相应的管理办法，例如广东省国土资源厅先后制定了《关于城乡建设用地增减挂钩试点项目区用地报批有关问题的通知》、《广东省城乡建设用地增减挂钩项目区规划审核要点》等文件，对项目区申报、管理、验收、周转指标使用及建新区农转用审批、林地审批等问题进行规范。浙江省则将增减挂钩纳入农村土地综合整治，进行统一管理，在使用周转指标的过程中，按照农村土地综合整治的要求，对项目区范围内的土地进行统一开发、整理、复垦。例如，南湖区余新镇已经使用的周转指标 448.74 亩，即按两个项目进行报批，项目区以涉及的全部区域为整体，统一安排拆旧和建新，并协调推进区域土地综合整治。

3. 统筹安排，规划先行，强化规划引导

根据各省国土资源厅统一要求，试点镇开展增减挂钩前，都要在专项调查的基础上，结合新一轮土地利用总体规划修编、土地整治规划、城镇体系规划等，编制挂钩试点专项规划和项目区实施规划。例如，河北实施增减挂钩的范围均为列入发展改革试点的小城镇、建设用地供需矛盾突出或农村建设用地整理复垦潜力较大的地区。

4. 尊重民意，权益优先，奠定挂钩基础

各地在实施挂钩过程中充分保障群众的参与权和知情权，普遍采取有效措施，增强群众参与程度，包括召开村民大会宣传和解读有关规定，由农民自主选择安置方式，并在建新房屋规划设计上充分听取农户意见等。例如，浙江姚庄镇在工作中把握统筹城乡一体发展这条主线，坚持"以人为本、农民自愿、公开公平"原则和"政府可承受、农民可接受、工作可持续"的方针制定置换政策，采取"一次整体规划、分期推进建设、逐步完善功能"的建设推进思路和"整体＋零星"相结合的自愿置换方式，推进"两分两换"试点工作。各地还注重采取一系列降、贴、减、免措施，免收或少收一定期限的物业费、供热费等，降低群众的居住成本，使群众不但搬得进，而且住得起。

5. 挂钩为基，综合探索，创新社会管理

各地以挂钩为载体，统筹解决经济社会发展中的重点和难点问题，特别是在社会管理模式上进行了积极探索。在实施增减挂钩的过程中，浙江省姚庄镇和余新镇积极探索农民社区管理和农村集体资产处置等问题。姚庄镇建立了"1＋3"的社区组织框架，"1"是社区党总支，"3"是管委会、党员议事会、居民议事会，议事会是完全自治组织，社区的重大事务，以召开议事会形式确定。余新镇采取了将农民集体资产股份化的方式，将集体资产折股，分配到农户名下。

（二）挂钩成效

1. 促进农民增收，推动城乡统筹发展

各地在增减挂钩工作中，充分发挥农民的主体地位，以实现农民增收目标。从河北宣化和崇礼两个县目前实施的进展看，都是对比较偏远的空心村进行拆迁复垦。通过拆迁复垦，许多外出务工已搬到城镇居住的农民获得了一部分财产性收入。而对于仍居住在原村的居民，通过增减挂钩搬迁到交通、供水、就医等更为方便的地方集中居住，为农民增收创造了条件。

2. 优化用地结构，促进土地集约利用

增减挂钩打通了城乡建设用地流通的通道，既把土地的专项费用集中投入到土地整治和村庄建设，也缓解了城镇发展用地瓶颈，促进了工业化和城镇化发展。浙江南湖区余新镇通过增减挂钩，将腾退的土地分别用于工业、市政配套建设（镇中心幼儿园）、城市综合开发（科技城项目）。通过增减挂钩，在保证农地面积稳定、农地质量不降低的情况下，实现了城乡建设用地的布局更加合理，利用更加高效。

3. 改善城乡面貌，促进新农村建设

作者在调研中发现，各地乡村规划相对滞后，较为无序，农民建房普遍缺少规划。而通过增减挂钩的统一规划，可以使城镇规划得到有效实施，并使农村无序建设的情况得到控制，客观上对改变镇村规划的小、散、乱起到了积极示范作用。各地建新安置区都按照居住小区设计，居民的居住条件、生产生活条件大为改善，并

统一加强了农村基础设施建设，合理配置了教育、文化、卫生、体育等公共服务设施，有效改变了村庄面貌，促进了新农村建设。

二、实施“土地增减挂钩”中存在的主要问题

1. 土地出让收益分配差异较大，一些地方农民权益还得不到充分保障

关于挂钩项目区土地出让收益的分配，根据国务院以及国土资源部的文件要求，“使用增减挂钩指标的土地出让净收益要及时全部返还用于改善农民生活条件和支持农村集体发展生产”。但由于镇处在最低的财政层级上，参与分成的上级部门最多，从各地情况看，区（县）政府对试点镇增减挂钩支持力度有所差别，土地出让收益返还比例一般在50％～80％，没有全额返还的例子。由于试点镇通常为发展条件较好的镇，土地出让收益在县域范围内相对较高，上级政府放弃全部收益的“损失”较大。要保持上级政府支持试点镇实施增减挂钩的积极性，使土地出让收益全额返还项目区，在操作上还有一定难度。从补偿数额看，各地也有较大差距，这与经济发展水平相关，也与建新地块的不同用途有关。由于建新地块的不同用途（工业、商业用途出让价格相差数倍到数十倍）导致土地出让收益的巨大差距，因此，各地在安置农民过程中，农民负担差别较大，有的地方由于资金不足，给农民的补偿标准偏低，农民的权益得不到充分保障。

2. 农民宅基地的补偿是基于所有权还是发展权，有待厘清

对拆旧区农民宅基地所获补偿是基于所有权还是发展权的认定，直接关系复垦后新增耕地的权属。从实际操作看，各地认识存在差异。一种认为农民以宅基地换取房屋后、复垦土地应归镇政府所有，这种观点把挂钩置换出的指标认定为农民宅基地使用权（集体土地所有权），旧房拆迁后，土地一并收归政府所有；另一种认为拆旧复垦新增的耕地归集体所有，这种观点把挂钩置换出的指标认定为农民宅基地"发展权"，通过指标的置换，实现土地开发"区位"调整，原使用权人（所有权人）仍享有原有土地的新权利——农业经营权。由于调研涉及项目区实施期限仍不满三年，拆旧复垦工作尚未全部完成。因此，对于拆旧区复垦新增耕地的权属，各地目前尚没有统一的标准。

3. 挂钩试点地区在创造经验的同时，也亟须经验和政策指导

挂钩试点政策实施已有几年时间，试点地区在开展挂钩工作过程中，积极探索、大胆创新，积累了经验。但挂钩工作涉及城乡重大利益关系调整，虽然国土资源部自 2005 年以来，几乎年年发布文件规范和指导挂钩工作，但各地在认识和落实挂钩政策上，差异较大；并且相关文件在集体经济组织管理、土地权属调整、资金收益确定等难点问题上也没有形成明确的管理办法。各地为较好地推进增减挂钩工作，外出考察学习的热情很高，但这种考察通常是"点对点"的，由于区域条件的明显差异，这些经验也无法做到快速"移植"，"真经"难取。各地普遍期待有组织、大平台、广覆盖的挂钩经验交流活动。

4. 增减挂钩规划地位不高、主动性不强，不利于挂钩开展

挂钩规划没有法定地位，随意性较大，部分地区在规划编制阶段，被动应对，调查分析不够扎实，使规划的很多拆旧工作难以实施，以致需要频繁调整。同时，由于一些地区乡镇土地利用总体规划修编工作尚未完成，村镇建设规划普遍滞后，使得挂钩试点实施规划与近期编制的城镇规划和村镇规划不能很好地衔接，原规划拆旧区个别地块村镇规划安排建设了新的项目，加大了拆旧工作的难度，在一定程度上影响了试点工作的顺利推进。

三、进一步完善“土地增减挂钩”工作的建议

1. 进一步明确土地出让收益测算与收益分配办法

由于各地在经济发展、用地需求结构、土地出让价格等方面的差异，即使按照“土地出让收益全部返还挂钩项目区”的规定严格执行，也未必能够增加农民收益，例如，如果挂钩指标全部用于工业，即使全额返还，也难以满足农民安置的巨大资金需求。从当期收益看，指标用于房地产开发，农民可获得最大收益，但对地方政府而言，则难以建立有效的远期税源，对农民而言，则缺少新增的就业机会；如果指标全部用于工业，则难以筹集资金用于农民安置。因此，土地指标出让既要考虑当前、又要兼顾长远，既要考虑农民接受程度、又要兼顾政府承受能力；可根据各地用地结构情况，按照设定的工业、商业用地的一定比例，进行折价，确定土地出让总体收益；并在此基础上，明确土地出让收益的分配办法。

2. 进一步明确复垦新增耕地权属

在新增耕地权属上，应优先考虑赋予农民集体和原土地使用权人，新增土地使用权归农民集体经济组织或拆迁农户。同时，新增耕地确权工作还要兼顾建新区被征地农村集体的权益，处理好项目区内农村集体组织之间的关系。

3. 积极开展挂钩工作经验交流活动

经过几年实践，各地在实施增减挂钩程中积累了较为丰富的经验，目前增减挂钩政策已具备进行全面经验总结和政策评估的条件。建议组织筹备试点镇挂钩工作经验交流活动，以挂钩实施中的整体操作流程、操作模式、农民安置方式、建新用地规划、资金收益与分配办法、土地权属调整等为主题内容，为正在和即将开展挂钩工作的地区提供技术和政策指导。

4. 加强与相关规划协调和衔接，增强挂钩规划的主动性

在前期调研和规划编制阶段，要充分考虑乡镇土地利用总体规划、村镇建设规划的协调性，尤其是对于城市近郊区的城镇化重点发展地区，应以上一级城市总体规划和村镇体系规划为指导，并充分征求上级政府规划部门的意见。全面摸清建新地块和拆旧地块的现状及近期建设意向，避免出现二次拆迁和建新项目无法落地的情况。在新一轮土地整治规划开始修编之际，加强挂钩与土地整治的衔接，同时，进一步确保挂钩试点实施规划与土地利用总体规划、城镇规划和村镇规划协调衔接。

第九章　结论与展望

土地制度是基本的经济社会制度，城乡关系是我国“二元结构”下基本的经济社会关系，“二元结构”状态正是在包括农村土地制度在内的一系列二元制度安排下存在和发展的。城乡关系的状况从根本上影响着我国工业化、城镇化和现代化目标的实现，以城乡差距为主要表征的城乡关系是我国现代化进程中的重大难题。推进城乡统筹发展，形成城乡一体化发展格局在我国经济社会发展进入新阶段并努力实现现代化过程中正逢其时。土地制度安排与城乡关系发展变化相互影响，深入认识新中国成立以来不同时期农村土地制度安排对城乡关系发展演变的影响，并对其相互作用的程度进行量化评价，对于在新时期加强农村土地制度创新，并以土地制度创新为重要手段促进城乡关系协调发展具有重大意义。

基于深入认识农村土地制度与城乡关系作用重要性的考虑，以制度经济学、社会学、土地科学的相关理论为指导，在回顾城乡关系变化与土地制度变迁历程的基础上，着重分析了农村土地制度所反映的土地权利结构状态，并定量分析土地制度对城乡收入差距的影响。本研究侧重于历史回顾和理论研究，在此基础上结合当前土地制度创新的若干政策，分析了这些政策创新对促进城乡协调的意义，并对未来农村土地制度深化改革作了展望。研究主要围绕农村土地制度反映的权利结构分解和土地制度对城乡居民收入的影响展开。主要结论和需要深入研究的问题如下。

第一节 主要结论及创新

一、主要结论

第一，农地功能变化导致对农地权利的重新界定，农地收益分配状况刻画了最终的农地权利结构。

农地具有多用途性，各用途的相对重要性随着经济社会发展而变化。由此也引发农地利用中的不同利益主体对农地权利的重新界定。把农地功能定义为两个方面：农业生产功能和承载功能。两种功能的发挥分别带来农业生产收益和非农建设转用增值收益。收益的分配正是基于对农地权利的享有情况，根据农地收益的分配情况，我国农地权利在农民和政府之间的分配经历了如下过程：政府不断乃至全部退出农业生产收益的分享，确保了农民享有农地农业生产全部收益；同时，特别是自改革以来，不断强化了土地管制权，获得了农地转用增值收益。对权利的界定最终是为了获得土地收益，因此，收益分配的情况也就定量刻画出了土地权利结构状况。根据分析，农民对农地农业生产收益的份额自建国以来经历了在波动中持续扩大的过程，由新中国成立初期 45%，增加到 2005 年以后几乎 100%。而农民在农地转用中收益分配的份额则由20世纪80年代初期的40%左右下降到当前15%左右的水平。

虽然众多研究指出，我国农地利用(转用)中的诸多问题都是由于农地产权主体模糊、地权残缺。但如果仅就农地农业生产收益看，农地地权个人化的程度是在不断增强的。农地利用中产生的矛盾主要源于农地转用过程，而矛盾的核心在于是否确保了农民基于土地的就业和保障权。正如1983～1998年，在完全计划体制下的征地补偿方式并未引发严重的矛盾。以1998年《土地管理法》为标志，土地征收发生了深刻变化，农民土地补偿方式基本上以货币为主，呈现“一半计划、一半市场”的特点，除土地补偿数额有所变化外，以农地农业生产价值为补偿基准的确立方式没有变化；但农民就业安置则由原来的“计划”统一安置转向了通过“市场”自谋出路；失地农民自谋就业的难度较大。失掉土地，无法就业，缺乏保障，成为征地中矛盾的根源。因此，在征地制度安排上，在农地转用中的权力结构配置上，无论强调土地转用是国家理应享有的土地管制权，还是强调农民作为产权主体应享有较大程度的农地处置权(尤其是农地转用权，或称为土地发展权)，其需要解决的核心问题都是农地利用中附带的农民的就业保障权。解决被征地农民的就业和社会保障，是征地制度改革的关键，这也是近年来以及今后很长时期内我国土地管理和征收制度改革调整需要遵循的方向。

第二，农村土地制度对以城乡收入差距为表现的城乡关系产生了重大影响，我国改革前后农村土地制度对城乡居民收入差距具有不同的影响机制。

农村土地制度安排是维系我国城乡二元结构状态的重要方面，通过制度安排实现的“价格剪刀差”和“土地剪刀差”直接影响着我国的城乡关系。在农村土地对农民而言承担着就业、社会保障、收入来源等社会经济复合功能的情况下，农村土地制度的微小变化都对城乡关系的变化产生较大影响。改革前，来源于农地农业生产收益的分配结构是影响城乡收入差距的关键因素，通过提高农民在农业生产收益中的分配份额就能够有效缩小城乡差距。通过反历史事实的方法，假如在1958～1978年，维持农民土地经营的相对自主权，那么农业生产效率将有显著提高，提高的幅度在15%～20%，相应地，即使维持收入分配制度不变，那么城乡收入差距在这一时期将有相应幅度的下降。而通过改变分配体制，即消除计划经济下的“价格剪刀差”，也能够使城乡收入差距下降20%～40%。我国改革初期，城乡收入差距的迅速缩小也正是这一分配结构调整的结果，1978～1986年，也成为我国农村发展的“黄金时期”，城乡收入差距是历史最小水平。随着改革进程的深入和我国经济社会的快速发展，城市倾向的土地政策不仅没有使土地起到缩小城乡差距的作用，反而扩大了城乡收入差距。这一时期，虽然城乡之间壁垒开始消除，以劳动力流动相对自由为重要手段，农民收入有了较大提高，但土地作为重要的生产要素，由农村向城市的流动却是在对农村不利的制度安排下进行的。土地及制度因素对城乡收入差距扩大的贡献率近15%。

此外，从城乡关系变化与土地制度变迁之间的关系看，认识二者之间的相互作用也有助于深入认识我国的改革历程。正如在存在不同利益主体的情况下，各集团的“游说”深刻影响着制度变迁。在我国，城乡收入的巨大差距对农民的行为产生着直接的刺激和影响，1978年之后的改革正是在农民自发的“自下而上”和中央引导的“自上而下”的过程中，互动循环促成的。当前的收入差距状态继续激励着农民和中央政府促进土地制度创新。农民追求更高收入水平，缩小与城镇居民收入水平的差距；中央政府统筹发展目标，推进国家现代化建设的努力正是推动我国农村土地制度改革不断向纵深发展的力量。

第三，提高农民在土地转用中增值收益的分配份额，探索农民“经营”土地的新途径，保障失地农民的“就业权”，促进“土地城镇化”和“人口城镇化”的同步发展，是以土地制度改革为手段促进城乡协调过程中需要综合考虑的内容。

在一系列旨在稳定、发展和保障农民农地使用权利的制度安排下，农地几乎可以说已经成为农民最具价值的资产，因此，以土地制度改革为重要手段推进城乡协调发展被“寄予厚望”。一直以来，无论是政府有关部门还是农民自身，都没有停止过对土地制度改革（调整）的探索。在城市倾向土地政策下，农民始终在积极地争取和“扩大”自己的土地权利。顺应经济社会发展阶段要求，自中央政府到地方政府，都在探索土地改革的方式。在众多的制度探索中，已经实行几年时间的“土地增减挂钩”较为引人注目。分析“土地增减挂钩”的机制与过程，其重要特点就是政府不参与土地增值收益分配，因此，这在一定程度上可以看做是国家向农民让渡土地出让金收益的过程，体现了“工业反哺农业、城市支持农村”的城乡一体化发展方针。通过“土地增减挂钩”可以实现促进土地节约集约利用、缓解耕地保护的巨大压力以及为城乡统筹发展和社会主义新农村建设创造条件,并以土地增值收益为其提供资金保障的"双重"目标。此外,各地农民集体也在积极探索获得集体建设用地增值收益的方式,如"南海模式"、"昆山模式"等。无论是"土地增减挂钩"还是农民自发探索的多种土地经营模式,都是使农民获得更多农地转用增值收益,甚至直接经营农村建设用地的过程。换言之,在城镇化、工业化背景下,农地功能发生了深刻变化,"争夺"农地农业生产收益,获取集体建设用地增值收益的方式是农民的目标。

总之,正因为农地是农民的重要资产和社会保障手段,因此,在农地作为生产要素由农村向城市转移的过程中,不仅需要使土地增值收益向农民倾斜以及探索农民直接经营建设用地的方式,而且,更为重要的是实现土地与农民的同步转移,确保农民获得有保障的"就业权",这是土地制度改革促进城乡协调发展的根本所在。

二、主要创新

第一,综合比较了测度城乡差距的度量方法,评价了其适用性;分别用泰尔指数方法和比值法测算了城乡收入差距,并以此为依据,划分了新中国成立以来城乡关系发展的不同阶段。

第二,从静态的观点,将农村土地功能分为农业生产功能和承载功能,两种功能的发挥分别带来农业生产收益和农地转用增值收益。土地权利结构决定了两种收益在中央政府、地方政府和农民(农民集体)间的分配情况,反过来,两种收益在三个主体间的分配情况则刻画了土地权利结构状况。研究通过对新中国成立以来农村土地收益分配的分析,定量刻画了土地权利结构。

第三,土地制度是经济社会发展的基本制度,城乡关系是存在"二元"结构的发展中国家的基本经济社会关系,二者相互影响。在对二者相互关系分析的基础上,构建了农村土地制度变迁与城乡关系变化的理论模型。

第四,对农村土地制度在城乡关系中的作用进行了综合评述;将量化的土地权利结构作为土地制度要素引入生产函数,定量分析了土地以及制度要素对城乡收入差距扩大的影响,结果表明,改革前,土地制度要素对城乡居民收入差距的贡献为20%～40%;改革后,土地制度对城乡差距扩大的贡献约为14%。

第二节 研究展望

对于制度因素在经济社会发展中的作用研究,一直以来较多地停留在定性分析方面。例如,诺斯认为要将制度要素纳入新古典理论,必须修改现有的理论框架。虽然有学者将制度要素量化到经济模型中,但对此也并未达成一致。从柯武刚(2008)对制度要素在经济增长中作用的分析看,制度要素与其他生产要素并非在同一个层面上。然而,在没有更完善的理论分析框架的情况下,简单的制度因素量化仍不失为一个可以采用的办法。书中涉及城乡关系和土地制度两个大的研究体系,虽然研究中试图分析二者之间的相互关系,但仍有很多不足,需要在今后的研究中深入探讨,重点包括以下方面。

第一,从数据来源入手,提高分析结果的精度。

由于可得资料的限制,特别是土地有关数据——包括建设用地数据和农用地数据——在1996年第一次全国土地详查前,可获得的建设用地数据相当有限,因此,研究中采用了估算的办法;而对于耕地数据,特别是改革初期的耕地数据,研究者普遍认为统计数据存在一定的误差,在此,综合了国内众多权威研究机构的数据,对这一时期的耕地数据作了估算。今后研究中,可继续搜集散见于各种资料中的20世纪90年代前的建设用地,综合相关结果,增强研究数据的准确性,提高分析结果的精确性。

第二,由于我国各区域自然以及经济社会条件差异的影响,有必要在较小的研究尺度上,分析不同条件下土地制度要素对城乡关系的作用。

制度因素通过影响交易成本以及生产成本而发挥作用,因此,制度发挥作用的基础首先受区域自然、经济、社会环境的影响。我国面积广大,区域条件差异很大,因此,农村土地制度在城乡关系中的作用途径、方式和效果有很大差异。限于分省资料数据的缺乏,研究以全国尺度数据为基础,掩盖了不同区域的条件差异。在进一步的研究中,特别是在较近时期(比如1996年以来)的研究上,可采用更为细化的各省(区、市)资料进行分析。

第三,动态跟踪农村土地制度改革探索和试验。

事实上,自改革开放以来,甚至可以说从新中国成立后,各地农民都没有停止对土地制度的探索。我国农村土地制度的众多改革正是发端于农民的创造。在进一步的研究中,可以选定不同区域具有代表性的农村集体,长期跟踪其土地制度改革探索的进程,分析不同区域、不同模式的农村土地制度改革路径及其在城乡关系中的作用。

此外,对土地以及制度要素对城乡居民收入的影响评价,采用了类似生产函数的方程形式,方程能够通过检验。虽然生产是收入的基础,但收入函数不完全等同于生产函数,因此对收入与土地及其制度要素的作用机制,需要进行更深入的理论分析。

参 考 文 献

[1] Cowell, F. A. , 2000. Measurement of Inequality, in *Handbook of Income Distribution*, eds. by A. Atkinson and F. Bourguignon, North Holland.

[2] Carter, M. , 1984. Identification of the Inverse Relationship between Farm Size and Productivity: An Emprical Analysis of Peasant Agricultural Production. Oxford Economics Papers, 36.

[3] D. Gale Johnson. 1978 年以来,中国的城乡收入差距拉大了吗?《经济学(季刊)》,2002 年,1(3).

[4] Dennis R. Capozza and R. W. Helsley, 1989. The Stochastic City. *Journal of Urban Economics*, 26(3).

[5] Dong Xiao-yuan and Dow, G. K. , 1993. Monitoring Costs in Chinese Agricultural Teams, *J. P. E*, vol. 101, no. 3.

[6] Dong Xiao-Yuan, 1996. Two-tier Land Tenure System and Sustained Economic Growth in post 1978 Rural China. *World Development*, 24(5).

[7] Fei, J. C. H. , Ranis, G. , 1964. Development of the Labor Surplus Economy: Theory and Policy. Richard D. Irwin. Homewood, IL. *Economic Research*. Working Paper, No. 296.

[8] Gunnar Myrdal, 1957. Economic Theory and Under-developed Regions. University Paperbacks. Methuen London.

[9] G. C. V-an Kooten, 1993. *Land Resources Economics and Sustainable Development*. UBC Press.

[10] Hayami, Y. and M. Kikuchi, 1981. *Asian Village Economy at the Crossroads: An Economic Approach to Institutional Change*. Baltimore: Johns Hopkins University Press.

[11] Jieming Zhu, 2004. From Land Use Right to Land Development Right: Institutional Change in China's Urban Development. *Urban Studies*, 41 (7).

[12] Jikun Huanga, Yunhua Wu, Scott Rozelle, 2009. Moving off the Farm and Intensifying Agricultural Production in Shandong: A Case Study of Rural Labor Market Linkages in China. *Agricultural Economics*, 40.

[13] Kakwani, N, 1977. Applications of Lorenz Curves in Economic Analysis. *Econometrica*, 45(3).

[14] Kalyani B, 1973. Land Yields & Agricultural Inputs in China and India During 1950s & 1960s. *China Report*, 9.

[15] Khan, A. R. et al., 1992. Household Income and Its Distribution in China. *The China Quarterly*, 132.

[16] Kiyotaki, Nobuhrio and West, Kenneth D, 2004. Land Prices and Business Fixed Investment in Japan. NBER Working Paper. No. 10909.

[17] Krusekopf, Charles C., 2002. Diversity in Land-tenure Arrangements Under the Household Responsibility System in China. *China Economic Review*, 12.

[18] Kung, James Kai-sing, 2002. Off-farm Labor Markets and the Emergence of Land Rental Markets in Rural China. *Journal of Comparative Economics*, 30.

[19] Liu Shouying et al., 1998. Dimensions and Diversity of Property Rights in Rural China: Dilemmas on the Road to Further Reform. *World Development*, 26(10).

[20] Loren Brandt 等:"中国的土地使用权和转移权:现状评价",《经济学(季刊)》,2004 年,3(4).

[21] Lu Ding, 2002. Rural-Urban Income Disparity: Impact of Growth, Allocative Efficiency and Local Growth Welfare. *China Economic Review*, 13 (4).

[22] Marshall, M., 1985. *Organizations and Growth in Rural China*, MacMillan Press.

[23] Martin Feldstein, 1978. The Effect of Inflation on The Prices of Land and Gold. National Bureau of Economic Research. Working Paper No. 296.

[24] Metzemakers, Paul and Louw, Erik, 2005. Land as a Production Factor . Paper to be presented at 45th Congress of the European Regional Science Association in Amsterdam.

[25] Paul Krugman, 1991. *Geography and Trade*. Leuven: Leuven University Press.

[26] Peter Dale, 1997. Land Tenure Issues in Economic Development. *Urban Studies*, 10.

[27] Rozelle, S. et al. , 2001. Land Rights in China: Facts, Fictions, and Issues. Papers of 2nd International Convention of Asia Scholars (ICAS2) Berlin.

[28] Shorrocks, A. F. and Slottje, D. , 2002. Approximating Unanimity Orderings: An Application to Lorenz Dominance, *Journal of Economics*, Supplement 9.

[29] Solow, R. M. , 1956. A Contribution to the Theory of Economic Growth. *Quarterly Journal of Economics*, 70.

[30] Sundrum, R. M. , 1990. *Income Distribution in Less Development Countries*. London and New York: Routledge.

[31] Tacoli C. , 1998. Rural-urban Interactions: A Guide to the Literature. *Environment and Urbanisation*, 10(1).

[32] Todaro, M. P. , 1969. A Model of Labor Migration and Urban Unemployment in Less Developed Countries. *The American Economic Review*. March. 59.

[33] Wen, Guanzhong James, 1993. Total Factor Productivity in China's Farming Sector: 1952-1989. *Economic Development and Culture Change*.

[34] William Aloson, 1964. *Location and Land Use—Toward a General Theory of Land Rent*. Harvard University Press.

[35] Yao, Yang, 2000. The Development of the Land Lease Market in Rural China. *Land Economics*, 76(2).

[36] Zhang, J., Zhang, L., Rozelle, S., Boucher, S., 2006. Self-employment: The Forgotten Engine of Rural China's Growth. *Contemp. Econ. Policy* 24.

[37] Zhu Ling, Zhougyi Jiang, 1993. From Brigade to Village Community: The Land Tenure System and Rural Development in China. *Cambridge Journal of Economics*, 17.

[38] 阿瑟·刘易斯:《二元经济论》,北京经济学院出版社,1989年。

[39] 巴泽尔:《产权的经济分析》,上海三联书店,1997年。

[40] 毕宝德:《土地经济学》(第五版),中国人民大学出版社,2006年。

[41] 蔡昉:"城乡收入差距与制度变革的临界点",《中国社会科学》,2003年第5期。

[42] 蔡昉、杨涛:"城乡收入差距的政治经济学",《中国社会科学》,2000年第4期。

[43] 蔡继明:"中国城乡比较生产与相对收入差别",《经济研究》,1998年第1期。

[44] 陈剑波:"农地制度:所有权问题还是委托—代理问题",《经济研究》,2006年第7期。

[45] 陈剑波:"人民公社的产权制度——对排它性受到严格限制的产权体系所进行的制度分析",《经济研究》,1994年第7期。

[46] 陈锡文:"健全严格规范的农村土地管理制度",在首届城乡土地制度改革滨海新区高层论坛上的演讲,2008年10月24日,天津。

[47] 陈锡文:《中国农村改革:回顾与展望》,天津人民出版社,1993年。

[48] 陈志刚:《农地产权结构与农业绩效》,南京农业大学博士论文,2003年。

[49] 陈志刚、曲福田:"农地产权制度的演变与耕地绩效——对转型期中国的实证分析",《财经研究》,2003年第6期。

[50] 陈宗胜、黎德富:"内生农业技术进步的二元经济增长模型",《经济研究》,2004年11期。

[51] 陈宗胜、周云波:"体制改革对城镇居民收入差别的影响",《中国社会科

学》,2001 年第 6 期。

[52] 陈宗胜、周云波:《再论改革与发展中的收入分配》,经济科学出版社,2002 年。

[53] 程永宏:"二元经济中城乡混合基尼系数的计算与分解",《经济研究》,2006 年第 1 期。

[54] 程永宏:"改革以来全国总体基尼系数的演变及其城乡分解",《中国社会科学》,2007 年第 4 期。

[55] 党国英:"土地制度对农民的剥夺",《中国改革》,2005 年第 7 期。

[56] 道格拉斯・C. 诺斯:《制度、制度变迁与经济绩效》,上海三联书店,1990 年。

[57] 董静、李子奈:"修正城乡加权法及其应用",《数量经济技术经济研究》,2004 年第 5 期。

[58] 董黎明:"城市土地问题与土地集约利用",《中国土地》,2005 年第 8 期。

[59] 杜润生:《杜润生改革论集》,中国发展出版社,2008 年。

[60] 杜鹰:《中国农村改革:回顾与展望》评价.《经济研究》,1999 年第 11 期。

[61] 樊纲:"城市化、社会保障与过渡性农村土地制度",在首届城乡土地制度改革滨海新区高层论坛上的演讲,2008 年 10 月 24 日,天津。

[62] 丰雷、魏丽、蒋妍:"论土地要素对中国经济增长的贡献",《中国土地科学》,2008 年第 12 期。

[63] 龚启圣、刘守英:"农民对土地产权的意愿及其对新政策的反映",《中国农村观察》,1998 年第 2 期。

[64] 郭庆旺、贾俊雪:"中国全要素生产率的估算:1979～2004",《经济研究》,2005 年第 6 期。

[65] 国家统计局农调总队课题组:"城乡居民收入差距研究",《经济研究》,1994 年第 12 期。

[66] 韩俊、崔传义、赵阳:"巴西城市化过程中贫民窟问题及对我国的启示",《中国发展观察》,2005 年第 6 期。

[67] 韩兆洲:"工农业产品价格剪刀差的计量方法研究",《统计研究》,1993 年第 1 期。

[68] 胡景北:"农业土地制度和经济发展机制:对二十世纪中国经济史的一

种理解”,《经济学(季刊)》,2002 年第 1 卷第 2 期。

[69] 胡祖光:“基尼系数理论最佳值及其简易计算公式研究”,《经济研究》,2004 年第 9 期。

[70] 黄少安等:“中国土地产权制度对农业经济增长的影响——对 1949~1978 年中国大陆农业生产效率的实证分析”,《中国社会科学》,2005 年第 3 期。

[71] 黄祖辉、蒋文华:《农业与农村发展的制度透视——理论述评与应用分析》,中国农业出版社,2002 年。

[72] 黄祖辉等:“非公共利益性质的征地行为与土地发展权补偿”,《经济研究》,2002 年第 5 期。

[73] 蒋省三、刘守英:“土地资本化与农村工业化——广东省佛山市南海经济发展调查”,《管理世界(月刊)》,2003 年第 11 期。

[74] 靳相木:“中国农地制度研究”,山东农业大学博士论文,2002 年。

[75] 柯武刚、史漫飞:《制度经济学》,商务印书馆,2008。

[76] 孔径源:“中国农村土地制度:变迁过程的实证分析”,《经济研究》,1993 年第 2 期。

[77] 李功奎等:“农地细碎化、劳动力利用与农民收入”,《中国农村经济》,2006 年第 4 期。

[78] 李实、罗楚亮:“中国城乡收入差距的重新估计”,《北京大学学报(哲学社会科学版)》,2007 年第 44 卷第 2 期。

[79] 李实、赵人伟:“中国居民收入分配再研究”,《经济研究》,1999 年第 4 期。

[80] 李实:“对基尼系数估算与分解的进一步说明”,《经济研究》,2002 年第 5 期。

[81] 廖丹清:“中国城市化道路与农村改革和发展”,《中国社会科学》,1995 年第 1 期。

[82] 廖洪乐:“农村改革试验区的土地制度建设试验”,《管理世界》,1998 年第 2 期。

[83] 林毅夫、余淼杰:“我国价格剪刀差的政治经济学分析:理论模型与计量实证”,《经济研究》,2009 年第 1 期。

[84] 林毅夫、蔡昉、李周:《中国的奇迹:发展战略与经济改革》(增订版),三联书店,1999 年。
[85] 林毅夫:《制度、技术和中国农业发展(第三版)》,三联书店,2008 年。
[86] 刘广栋、程久苗:"1949 年以来中国农村土地制度变迁的理论和实践",《中国农村观察》,2007 年第 2 期。
[87] 刘守英:"土地制度与农民权利",《中国土地科学》,2000 年第 3 期。
[88] 刘书楷:"国外与台湾地区土地使用管制和农地保护的经验",《中国土地科学》,1998 年第 5 期。
[89] 刘文甲:"用途管制大于产权",《中国土地》,2009 年第 7 期。
[90] 刘扬、纪宏:《问题研究——以北京市为例的考察》,首都经济贸易大学出版社,2007 年。
[91] 刘洋:"中国城乡关系管理制度研究",中国科学院博士学位论文,2005 年。
[92] 陆铭、陈钊:"城市化、城市倾向的经济政策与城乡收入差距",《经济研究》,2004 年第 6 期。
[93] 陆学艺:《"三农论"——当代中国农业、农村、农民研究》,社会科学文献出版社,2002 年。
[94] 吕萍、卢嘉:"农地转用利益分配关系分析与调整",《农村经济》,2007 年第 1 期。
[95] 吕萍:"土地承包经营权流转:权益的保障与规范",《中国土地科学》,2009 年第 7 期。
[96] 罗楚亮:"城市居民收入差距的动态演变",《财经研究》,2006 年第 32 卷第 9 期。
[97] 毛振强、左玉强:"土地投入对中国二三产业发展贡献的定量研究",《中国土地科学》,2007 年第 3 期。
[98] 农业部软科学委员会课题组:《中国农业发展新阶段》,中国农业出版社,2000 年。
[99] 钱忠好:"土地征用:均衡与非均衡",《管理世界》,2004 年第 12 期。
[100] 钱忠好:"农地承包经营权市场流转:理论与实证分析——基于农户层面的经济分析",《经济研究》,2003 年第 2 期。

[101] 钱忠好:《中国农村土地制度变迁和创新研究》,中国农业出版社,1999年。

[102] 乔榛、焦方义、李楠:“中国农村经济制度变迁与农业增长——对1978～2004年中国农业增长的实证分析”,《经济研究》,2006年第7期。

[103] 全国农业区划办公室:中国农用土地资源十年变化分析评价.报告,1997年。

[104] 舒尔茨著、梁小民译:《改造传统农业》,商务印书馆,2006年。

[105] 谭峻:“小城镇土地产权制度与人地关系”,《中国土地科学》,2007年第2期。

[106] 陶然、徐志刚:“城市化、农地制度与迁移人口社会保障——一个转轨中发展的大国视角与政策选择”,《经济研究》,2005年12期。

[107] 万广华、陆铭、陈钊:“全球化与地区间收入差距:来自中国的证据”,《中国社会科学》,2005年第3期。

[108] 万广华:“不平等的度量与分解”,《经济学(季刊)》,2008年第8卷第1期。

[109] 万广华:《经济发展与收入不平等:方法与证据》,上海三联书店,2006年。

[110] 万广华:“中国农村区域间居民收入差异及其变化的实证分析”,《经济研究》,1998年第5期。

[111] 汪秀莲、张建平:“土地用途分区管制国际比较”,《中国土地科学》,2001年第4期。

[112] 王德起:“我国耕地保护机制研究”,《中国土地科学》,1997年第1期。

[113] 王红玲:“对一个农业制度变迁模型的再讨论”,《经济研究》,1997年第10期。

[114] 王洪亮、徐翔:“收入不平等孰甚:地区间抑或城乡间”,《管理世界(月刊)》,2006年第11期。

[115] 王景新:《中国农村土地制度的世纪变革》,中国经济出版社,2001年。

[116] 王君、朱玉碧、郑财贵:“对城乡建设用地增减挂钩运行模式的探讨”,《农村经济》,2007年第8期。

[117] 王少平、欧阳志刚:“中国城乡收入差距的对实际经济增长的阈值效

应”,《中国社会科学》,2008 年第 2 期。
[118] 王世元:“在第十五期国土资源管理市长研究班上的讲话”,中国土地整理网,www.lcrc.org.cn,2007。
[119] 王卫国:《中国土地权利的法制建设》,中国政法大学出版社,2002 年。
[120] 王西玉:“农村改革与农地制度变迁”,《中国农村经济》,1998 年第 9 期。
[121] 王小映、贺明玉、高勇:“我国农地转用中的土地收益分配实证研究”,《管理世界(月刊)》,2006 年第 5 期。
[122] 王小映:“土地征收公平补偿与市场开放”,《中国农村观察》,2007 年第 5 期。
[123] 王小映:“土地制度变迁与土地承包权物权化”,《中国农村经济》,2000 年第 1 期。
[124] 王琢、许滨:《中国农村土地产权制度论》,经济管理出版社,1996 年。
[125] 吴次芳等:“制度缺陷与耕地保护”,《中国农村经济》,2002 年第 7 期。
[126] 伍山林:“中国农作制度变迁的政治经济学分析”,《经济研究》,1998 年第 8 期。
[127] 伍山林:“农村经济制度变迁与农业绩效”,《财经研究》,2002 年第 1 期。
[128] 武力:“1949～2006 年城乡关系演变的历史分析”,《中国经济史研究》,2007 年第 1 期。
[129] 谢伏瞻:“中国收入分配的现状与政策分析”,《管理世界(双月刊)》,1994 年第 2 期。
[130] 谢经荣:“试论市场经济条件下的农地使用制度”,《中国土地科学》,1995 年(增刊)。
[131] 谢经荣等:《房地产经济学(第二版)》,中国人民大学出版社,2008 年。
[132] 徐刚:“农业体制转换的制度根源——对一个农业制度变迁模型的改进”,《经济研究》,1997 年第 4 期。
[133] 许庆等:“农地制度、土地细碎化与农民收入不平等”,《经济研究》,2008 年第 2 期。
[134] 严金明:“我国征地制度的演变与改革目标和改革路径的选择”,《经济

理论与经济管理》,2009 年第 1 期。
[135] 姚洋:《土地、制度和农业发展》,北京大学出版社,2004 年。
[136] 姚洋:“非农就业结构与土地租赁市场的发育”,《中国农村观察》,1999 年第 2 期。
[137] 姚洋:“集体决策下的诱导性制度变迁——中国农村地权稳定性演化的实证分析”,《中国农村观察》,2000 年第 2 期。
[138] 姚洋:“农地制度与农业绩效的实证研究”,《中国农村经济》,1998 第 11 期。
[139] 姚洋:“中国农地制度:一个分析框架”,《中国社会科学》,2000 年第 2 期。
[140] 叶剑平等:“中国农村土地农户 30 年使用权调查研究”,《管理世界(双月刊)》,2000 年第 2 期。
[141] 叶剑平等:《中国农村土地产权制度研究》,中国农业出版社,2000 年。
[142] 张红宇:“中国农村土地制度变迁的政治经济学分析”,西南农业大学博士论文,2001 年。
[143] 张红宇:“中国农地制度变迁的制度绩效:从实证到理论分析”,《中国农村观察》,2002 年第 2 期。
[144] 张清勇:“纵向财政竞争、讨价还价与中央—地方的土地收入分成”,《制度经济学研究》,2009 年第 1 期。
[145] 张晓山:“中国农村土地制度变革的回顾和展望”,《学习与探索》,2006 年第 5 期。
[146] 张晓山:“中国农村改革 30 年:回顾与思考”,《学习与探索》,2008 年第 6 期。
[147] 张雨林:“城—镇—乡网络和小城镇的整体布局”,《经济研究》,1985 年第 1 期。
[148] 张志强:“刘易斯二元经济模型的修正”,《发展研究》,2008 年第 6 期。
[149] 赵人伟、李实:“中国居民收入差距的扩大及其原因”,《经济研究》,1997 年第 9 期。
[150] 赵人伟、李实:《中国居民收入分配再研究——经济改革和发展中的收入分配》,中国财政经济出版社,1999 年。

[151] 赵阳:《共有与私用——中国农地产权制度的经济学分析》,三联书店,2007年。

[152] 赵勇:《城乡购买力动态平衡论》,中国经济出版社,2004年。

[153] 郑风田:“我国现行土地制度的产权残缺与新型农地制度构想”,《管理世界(双月刊)》,1995年第4期。

[154] 周其仁:“农地产权与征地制度———中国城市化面临的重大选择”,《经济学(季刊)》,2004年第1期。

[155] 周其仁:“改革土地制度,促进城乡协调”,在首届城乡土地制度改革滨海新区高层论坛上的演讲,2008年10月24日,天津。

[156] 周其仁:“中国农村改革:国家和所有权关系的变化——一个经济制度变迁史的回顾(上)”,《管理世界(双月刊)》,1995年第3期。

[157] 周其仁:“中国农村改革:国家和所有权关系的变化——一个经济制度变迁史的回顾(下)”,《管理世界(双月刊)》,1995年第4期。

[158] 周叔莲、郭克莎:《中国城乡经济及社会协调发展研究》,经济管理出版社,1996年。

[159] 朱玲:“中国经济改革中城乡居民收入差距的变化”,《社会科学辑刊》,1991年第1期。